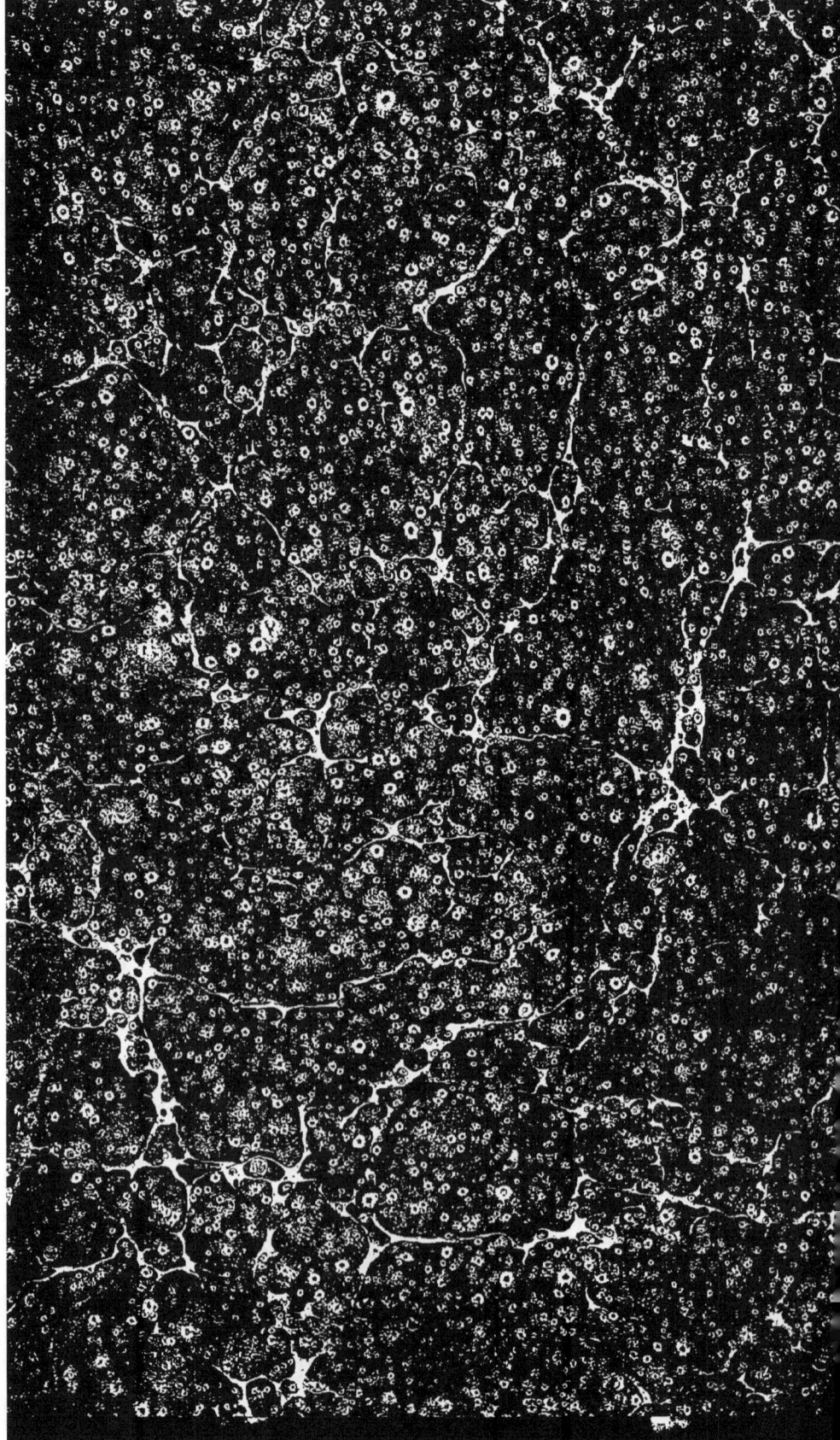

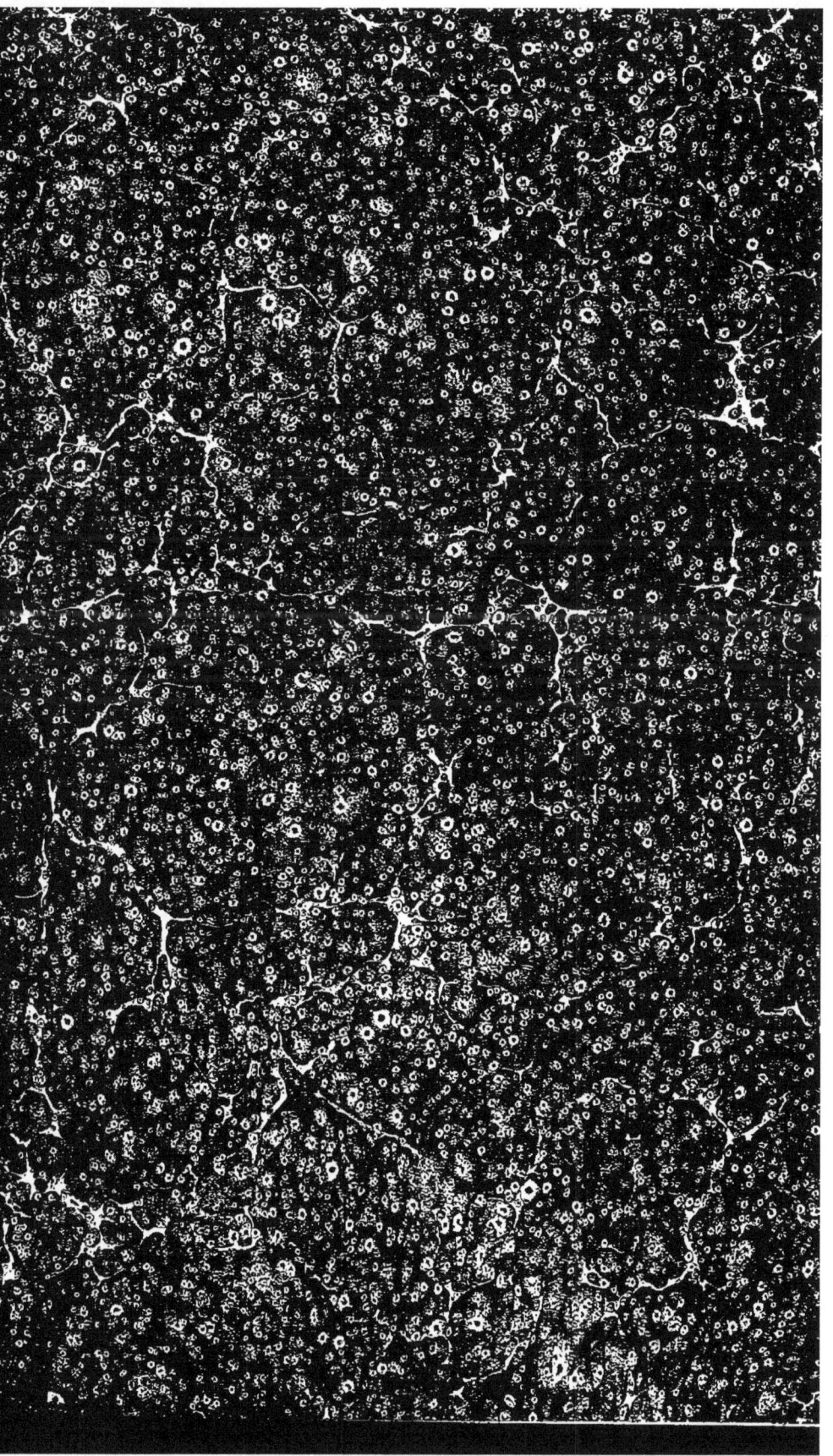

ISIDORA.

CHEZ LE MÊME ÉDITEUR :

LES DRAMES INCONNUS,
Par Frédéric Soulié.
4 volumes in-8.

AVENTURES D'UN CADET DE FAMILLE,
Par Frédéric Soulié.
3 volumes in-8.

AMOURS DE VICTOR BONSENNE,
Par Frédéric Soulié.
3 volumes in-8.

HISTOIRE D'OLIVIER,
Par Frédéric Soulié.
volumes in-8.

AMAURY.
Par Frédéric Soulié.
4 volumes in-8.

LA PLACE DES TERREAUX,
Par Alphonse Brot.
2 volumes in-8.

ISIDORA

PAR

George Sand.

PARIS,
HIPPOLYTE SOUVERAIN, ÉDITEUR
De MM. George Sand, Frédéric Soulié, de Balzac, Alexandre Dumas, Paul de Kock,
Alphonse Brot, Amédée de Bast, Jules Lecomte, etc.
RUE DES BEAUX-ARTS, 5.

1846.

ISIDORA

PAR

GEORGE SAND

PARIS
HIPPOLYTE SOUVERAIN, ÉDITEUR

RUE DES BEAUX-ARTS, 5

1846

ISIDORA.

DEUXIÈME PARTIE.

ALICE.

Suite.

Malgré tout ce qu'il y avait d'affectueux dans ces paroles, le souvenir de cette petite porte, de ce mur mitoyen et de cette serre fut un coup de poignard qui réveilla les douleurs personnelles d'Alice. Elle se rappela Jacques Laurent, tourna brusquement la tête, et le vit au fond de l'appartement où il s'était timidement réfugié, tandis qu'elle conduisait lentement Isidora vers l'issue opposée, en parlant bas avec elle. Elle promit, mais sans s'apercevoir cette fois de la joie et de la reconnaissance d'Isidora. Enfin, voyant que celle-ci sortait et se soutenait à peine, tant l'émotion l'avait brisée, elle appela Jacques avec un sentiment de grandeur et de jalousie indéfinissable.

« — Mon ami, lui dit-elle, donnez donc le bras à ma belle-sœur, qui est souffrante, et conduisez-la à sa voiture.

— Sa belle-sœur ! pensa la courtisane. Elle ose m'appeler ainsi devant un de ses amis ! elle n'en rougit pas ! » et elle revint vers Alice pour la remercier du regard et saisir une dernière fois sa main qu'elle porta à ses lèvres. Dans son émotion délicieuse, elle vit Jacques confusément, sans le regarder, sans le reconnaître, et accepta son bras, sans pouvoir détacher ses yeux du visage d'Alice. Et comme Jacques, embarrassé de sa préoccupation, lui rappelait qu'il la conduisait à sa voiture:

— Je suis à pied, dit-elle. Quand on demeure porte à porte! Et tenez! si la petite porte du jardin n'est pas condamnée, ce sera beaucoup plus court par là.

— Je vais sonner pour qu'on aille ouvrir, dit Alice; et elle sonna en effet. Mais son âme se brisa en voyant Isidora, appuyée sur le bras de Jacques, descendre le perron du jardin, et se diriger vers le lieu de leurs anciens rendez-vous. Elle eut la pensée de les suivre. Rien n'eut été plus simple que de reconduire elle-même sa belle-sœur par ce chemin; rien ne lui parut plus monstrueux, plus impossible que cet acte de surveillance, tant il lui répugna. Elle ne pouvait pas supposer qu'Isidora n'eût pas reconnu Jacques. « Comme elle se contient jusqu'au milieu de l'attendrissement! se disait-elle. Et lui, comme il a paru calme! Quelle puissance dans une passion qui se cache ainsi! Ne sais-je pas moi-même que plus l'âme est perdue, plus l'apparence est sauvée? »

Elle s'accouda sur la cheminée, l'œil fixé sur la pendule, l'oreille tendue au moindre bruit, et comptant les minutes qui allaient s'écouler entre le départ et le retour de Jacques.

Isidora et Jacques marchaient sans se parler. Elle était plongée dans un attendrissement profond et délicieux, et ne songeait pas plus à regarder l'homme qui lui donnait le bras que s'il eût été une machine. Il s'applaudissait d'avoir échappé à l'embarras d'une reconnaissance, et, pensant à la bonté d'Alice, lui aussi, il se gardait bien de rompre le silence; mais un hasard devait déjouer cette heureuse combinaison du hasard. Le domestique qui marchait devant eux s'était trompé de clef, et lorsqu'il l'eut vainement essayée dans la serrure, il s'accusa d'une méprise, posa sur le socle d'un grand vase de terre cuite, destiné à contenir des fleurs, la bougie qu'il tenait à la main, et se prit à courir à toutes jambes vers la maison pour rapporter la clef nécessaire.

Jacques Laurent resta donc tête-à-tête avec son ancienne amante sous l'ombrage de ces grands arbres qu'il avait tant aimés, devant cette porte qui lui rappelait leur première entrevue, et dans une situation tout-à-fait embarrassante pour un homme qui n'aime plus. L'air d'un soir chargé d'orage, c'est-à-dire lourd et chaud, ne faisait pas vaciller la flamme de la bougie, et son visage se trouvait si bien éclairé qu'au premier moment Isidora devait le reconnaître, à moins que, dans la foule de ses souvenirs, le souvenir d'un amour si promptement satisfait, si promptement brisé, pût ne pas trouver place parmi tant d'autres.

Il affectait de détourner la tête, cherchant ce qu'il avait à dire, ou plutôt ce qu'il pouvait se dispenser de dire pour ne pas manquer à la bienséance. Offrir à sa compagne préoccupée de la conduire à un banc en attendant le retour du domestique, lui demander pardon de ce contretemps, rien ne pouvait se dire en assez peu de mots pour que sa voix ne risquât pas de frapper l'attention. Il crut sortir d'embarras en apercevant une de ces chaises de bois qu'on laisse dans les jardins, et il fit un mouvement pour quitter le bras de madame de S... afin d'aller lui chercher ce siège. Ce pouvait être une politesse muette. Il se crut sauvé. Mais tout-à-coup il sentit son bras retenu par la main d'Isidora qui lui dit avec vivacité :

« Mais, Monsieur, je vous connais, vous êtes... Mon Dieu, n'êtes-vous pas...

— Je suis Jacques Laurent, répondit avec résignation le timide jeune homme, incapable de soutetenir aucune espèce de feinte, et jugeant d'ailleurs qu'il était impossible d'éviter plus longtemps cette crise délicate. Puis, comme il sentit le bras d'Isidora presser le sien impétueusement, un sentiment de méfiance, et peut-être de ressentiment, lui rendit le courage de sa fierté naturelle. Probablement, madame, lui dit-il, ce nom est aussi vague dans vos souvenirs que les traits de l'homme qui le porte.

— Jacques Laurent, s'écria madame de S..., sans répondre à ce froid commentaire, Jacques Laurent ici, chez madame de T......! et dans cet endroit !..... Ah cet endroit qui m'a fait vous reconnaître, je ne l'ai pas revu sans une émotion terrible, et j'ai été comme forcée de vous regarder, quoique... Jacques, vous ici avec moi ?..... Mais comment cela se fait-il ?... Que faisiez-vous chez madame de T... ? Vous la connaissez donc ? ..... Oui : elle vous a appelé son ami... Vous êtes son ami !.... Son amant peut-être !... Écoutez, Jacques, écoutez, il faut que je vous parle, ajouta-t-elle avec précipitation en voyant revenir le serviteur avec la clef.

— Non, pas maintenant, dit Jacques troublé et irrité : surtout pas après le mot insensé que vous venez de dire...

— Ah ! reprit-elle en baissant la voix à mesure que le domestique s'approchait, quel accent d'indignation ! je crois entendre la voix de Jacques au bal masqué lorsque, pour l'éprouver, je le supposais l'amant de Julie ! Au nom de la pauvre Julie qui est morte dans tes bras, Jacques, écoute-moi un instant, suis-moi. Mon avenir, mon salut, ma consolation sont dans vos mains, monsieur... Si vous êtes un homme juste et loyal comme vous l'étiez jadis... Si vous êtes un homme d'honneur, parlez-moi, suivez-moi... ou je croirai que vous êtes mon ennemi, un lâche ennemi comme les autres ! Eh bien ! n'hésitez donc pas ! dit-elle encore pendant que le domestique faisait crier la clef dans la serrure rouillée ; rien de plus simple que vous me donniez le bras jusqu'à mes appartements. Rien de plus grossier que de me laisser traverser seule l'autre jardin. »

Et elle l'entraîna.

« Je vais attendre monsieur ? dit le vieux Saint-Jean avec cet admirable accent de malicieuse bêtise qu'ont, en pareil cas, ces espions inévitables donnés par la civilisation.

— Non, répondit Jacques avec sa douceur et sa bonhomie ordinaires, laissez la clef, je vais la rapporter en revenant.

— En ce cas, je vais la mettre en dehors pour que monsieur puisse revenir. »

Jacques n'écoutait plus. Emporté comme par le vent d'orage, il suivait Isidora, qui, parvenue au milieu du jardin, tourna brusquement du côté de la serre, et l'y fit entrer avec une sorte de violence.

Elle ne s'arrêta qu'auprès de la cuvette de marbre, et de ce ban garni de velours bleu, sur lequel elle s'était assise près de lui pour la première fois. — Ne dites rien, Jacques ! s'écria-t-elle en le forçant de s'asseoir à ses côtés, ne préjugez rien, ne pensez rien, jusqu'à ce que vous m'ayez entendue. Je vous connais, je sais que des questions ne vous arracheraient rien : je ne vous en ferai point. Je vois que vous avez de la répugnance à venir ici, de l'inquiétude et de l'impatience à y rester !... Je ne vous retiendrai pas longtemps. Je crois deviner.,, mais peu importe. Ce que je dirai sera vrai ou faux, vous ne répon-

drez pas, mais voilà ce que j'i-
magine, il faut que vous le sa-
chiez pour comprendre ma situation et ma conduite. Vous êtes
intimement lié avec madame de
T...., vous êtes entré chez elle
tout à l'heure sans être annoncé,
comme un habitué de la maison,.... dans sa chambre.... car
c'était sa chambre ou son boudoir, je n'ai pas bien regardé...
Vous l'aimez! car vous tremblez;
oui, je sens trembler votre main
qui repousse en vain la mienne.
Elle vous aime peut-être! Bah! il
est impossible qu'elle ne vous aime pas! Que ce soit amour ou

amitié, elle vous estime, elle vous écoute, elle vous croit! Vous lui avez parlé de moi; elle vous a consulté! Vous lui avez dit... Mais non, vous ne lui avez pas dit de mal de moi, sa conduite me le prouve. Sa conduite envers moi est admirable, c'est dire que la vôtre entre elle et moi l'a été aussi... Jacques, je vous remercie... Je parle comme dans un rêve, et je comprends à mesure que je parle... Mon premier mouvement, en vous voyant, a été la peur, châtiment d'une âme coupable ! Mais mon second mouvement est celui de ma vraie nature, nature confiante et droite, que l'on a faussée et torturée. Aussi mon second mouvement est la confiance, la gratitude... une gratitude enthousiaste ! Jacques ! vous êtes toujours le meilleur des hommes, et vous avez pour maîtresse la meilleure des femmes ! Ce bonheur vous était dû ; en homme généreux, vous avez voulu me donner du bonheur aussi, et, grâce à vous, cette femme est mon amie ! Oh ! que vous êtes grands tous les deux ! »

Et, dans un élan irrésistible, Isidora pencha son visage baigné de larmes jusqu'à effleurer de ses lèvres tremblantes les mains du craintif jeune homme.

« Laissez, madame, laissez, répondit-il, effrayé de l'émotion qui le gagnait, et en faisant un effort pour s'éloigner d'elle, autant que le permettait la largeur du siége de marbre ; vous êtes dangereuse jusque dans vos meilleurs mouvements, et je ne peux pas vous écouter sans frayeur. Vous êtes hardie, et vous aimez à profaner, jusque dans vos élans d'amour pour les choses saintes. Otez de votre imagination audacieuse l'idée de cette liaison intime avec madame de T... Sachez, en un mot, que je suis le précepteur de son fils, et par conséquent le commensal et l'habitué nécessaire de sa maison. Je venais lui parler de son enfant, quand je suis entré étourdiment dans son petit salon. Je ne me permets pas d'autres sentiment envers elle qu'un dévouement respectueux, et l'estime qu'on doit à une femme éminemment vertueuse : et quant à celui qu'elle peut avoir pour moi, c'est la confiance en mes principes et la bonne opinion qu'une personne sensée doit avoir de l'homme à qui elle confie l'âme de son enfant. Quel démon vous pousse à bâtir un roman extravagant, impossible ? Est-ce là le respect et l'amour que vous témoigniez tout à l'heure à madame de T... par vos humbles caresses ? A peine l'émotion que sa bonté vous cause est-elle dissipée, que déjà vous l'assimilez à toutes les femmes que vous connaissez ; apprenez à connaître, madame, apprenez à respecter, si vous voulez apprendre à aimer. »

Sauf l'amour avoué, sauf le bonheur des deux amants, la pauvre Isidora, dans sa candeur cynique, avait deviné juste, et c'était en effet un bon mouvement qui l'avait poussée à penser tout haut ;

mais elle ne savait pas qu'en s'exprimant ainsi elle mettait la main sur des plaies vives. L'indignation de Jacques lui fit un mal affreux, et la haine de la pudeur et de la vertu lui revint au cœur plus amère, plus douloureuse que jamais.

« Quel langage! quelle colère et quel mépris! dit-elle en se levant et en regardant Jacques avec un sombre dédain. Vous niez l'amour et vous exprimez un pareil respect! Le nom de votre idole vous paraît souillé dans ma bouche, et son image dans ma pensée! vous n'êtes pas habile, Jacques; vous ne savez pas que les femmes comme moi sont impossibles à tromper sur ce point. Le respect, c'est l'amour! En vain vous faites une distinction affectée de ces deux mots : quiconque n'aime pas méprise, quiconque aime vénère; il n'y a pas deux poids et deux mesures pour connaître le véritable amour. Moi aussi j'ai été aimée une fois dans ma vie; est-ce que vous l'avez oublié, Jacques? Et comment l'ai-je su? c'est parce qu'on ne le disait pas, c'est parce qu'on n'eût jamais osé me l'avouer, c'est enfin parce qu'on me respectait. Et cela se passait ici, il y a trois ans; c'est ici que, sur ce banc, osant à peine effleurer mon vêtement, et frémissant de crainte quand, en touchant ces fleurs, votre main rencontrait la mienne, vous seriez mort plutôt que de vous déclarer, vous seriez devenu fou plutôt que de vous avouer à vous-même que vous m'aimiez.... Mais voilà que vous êtes devenu un homme civilisé à mon égard, c'est-à-dire que vous me méprisez, et que vous exaltez devant moi une autre femme ! c'est tout simple, Jacques, c'est tout simple, vous ne m'aimez plus et vous l'aimez... Je m'en doutais, je le sais à présent. En vérité, Jacques, vous êtes bien maladroit, et le secret d'une femme *vertueuse*, comme vous dites, est en grand danger dans vos mains.

— Est-ce là tout ce que vous aviez à me dire ? reprit Jacques irrité, en se levant à son tour. Je croyais bénir le jour où je vous retrouverais digne d'une noble et fidèle amitié ; mais je vois bien que Julie est morte, en effet, comme vous le disiez tout à l'heure, et qu'il ne me reste plus qu'à pleurer sur elle.

— Ah ! malheureux, ne blasphême pas ! s'écria-t-elle en se tordant les mains ; que ne peux-tu dire la vérité ? pourquoi Julie n'est-elle pas morte et ensevelie à jamais au fond de ton cœur et du mien? mais l'infortunée ne peut pas mourir. Cette âme pure et généreuse s'agite toujours dans le sein meurtri et souillé d'Isidora; elle s'y agite en vain, personne ne veut lui rendre la vie; elle ne peut ni vivre ni mourir. Vraiment je suis un tombeau où l'on a enfermé une personne vivante. Ah! philosophe sans intelligence et sans entrailles, tu ne comprends rien à un pareil supplice, et cette agonie te fait sourire de pitié. Sois maudit, toi que j'ai tant aimé, toi que seul, parmi tous les hommes, je croyais capable d'un grand amour ! puisses-tu être puni du même supplice ! puisses-tu te survivre à toi-même et conserver le désir du bien après avoir perdu la foi !

II.

Son voile noir était tombé sur ses épaules, et sa longue chevelure, déroulée par l'humidité de la nuit, flottait éparse sur sa poitrine agitée. La lune, en frappant sur le vitrage de la serre, semait sur elle de pâles clartés dont le reflet bleuâtre la faisait paraître plus belle et plus effrayante. Elle ressemblait à lady Macbeth évoquant dans ses malédictions et dans ses terreurs les esprits malfaisants de la nuit.

Le cœur de Jacques se rouvrit à la pitié et à une sorte d'admiration pour ce principe d'amour et de grandeur qu'une vie funeste n'avait pu étouffer en elle ; une âme vulgaire ne pouvait pas souffrir ainsi.

« Julie, lui dit-il, en lui prenant le bras avec énergie, reviens donc à toi-même; s'il ne faut pour

cela que rencontrer un cœur ami;
ne l'as-tu pas trouvé aujourd'hui?
N'étais-tu pas tout à l'heure affec-
tueusement pressée dans les bras
d'un être généreux, excellent entre
tous? Cette femme qui, en dépit des
préjugés du monde, t'a nommée sa
sœur et t'a promis de venir ici pour
te consoler et te bénir, n'est-ce donc
pas un secours que le ciel t'envoie?
n'est-ce donc pas un messager de
consolation qui doit briser la pierre
de ton cercueil? Ta fierté implacable
qui repoussait jadis le pardon de l'a-
mour, refusera-t-elle la nouvelle al-
liance de l'amitié? Ne m'attribuez
pas les généreux mouvements de

cette noble femme. Son cœur n'a pas besoin d'enseignements ; mais sachez bien que si elle en avait besoin et si j'avais sur elle l'influence qu'il vous a plu tout à l'heure de m'attribuer, je voudrais que vous dussiez le repos de votre conscience et la guérison de vos blessures à cette main de femme plutôt qu'à celle d'aucun homme. »

L'exaspération d'Isidora était déjà tombée, comme le vent capricieux de l'orage lorsqu'il s'abat sur les plantes et semble s'endormir en touchant la terre. Mobile comme l'atmosphère, en effet, elle écoutait

Jacques d'un air moitié soumis, moitié incrédule.

« Tu as peut-être raison, dit-elle, peut-être ! Je n'en sais rien encore, j'ai besoin de me recueillir, de m'interroger. Je suis partagée entre deux élans contraires : l'un qui me pousse aux genoux de cette femme au front d'ange, l'autre qui me fait haïr et craindre la protection de cette dame à la voix de sirène. Une dévote, peut-être ! qui veut me mener à l'église et me présenter au monde des sacristies comme un trophée de sa béate victoire. Ah! que sais-je ? En Italie aussi, des femmes de qualité ont voulu me convertir. Elles m'appelaient dans leur oratoire, et m'eussent chassée de leurs salons. Faudrait-il passer par le confessionnal et la communion pour entrer chez ma belle-sœur ? Ah ! jamais ! jamais de bassesse ! de l'insolence, de la haine, des outrages, je le veux bien, mais de l'hypocrisie et de la honte, jamais !

— Et vous avez raison, reprit Jacques ; à ces craintes je vois que vous êtes toujours injuste ; mais à ces résistances je vois que vous avez la vraie fierté. Mais me croyez-vous donc enrôlé parmi les jésuites de salons, que vous me supposez capable de vous engager dans de si lâches intrigues? sachez que madame de T.... n'est pas dévote.

— Pardonnez-moi tout ce que je dis, Jacques, vous voyez bien que je n'ai pas ma tête. Ma pauvre tête, que ce matin je croyais si forte et si froide, elle a été brisée ce soir par trop d'émotions. Cette femme m'a enivrée avec sa bonté et ses caresses, et toi, tu m'as tuée avec ta figure douce et tes blonds cheveux, m'apparaissant tout-à-coup comme le spectre du passé devant cette porte, dans ce lieu fatal où je t'ai vu pour ne jamais t'oublier.

Ah! que je t'ai aimé, Jacques! Tu ne l'as jamais su, et tu as pu ne pas le croire. Ma conduite avec toi t'a paru odieuse. Elle était sage, elle était dévouée; je sentais que je n'étais pas digne de toi, que tu ne pourrais jamais oublier ma vie, qu'en devenant passionné tu allais devenir le plus malheureux des hommes. Je n'ai pas voulu changer en une vie de larmes ce souvenir d'une nuit de délices. Et, qu'est-ce que je dis? ce n'est pas cette nuit là que je me suis rappelée avec le plus de bonheur et de regrets. C'est ce premier amour enthousiaste et timide que tu avais pour moi lorsque tu ne me connaissais que sous le nom de Julie, lorsque tu me croyais une femme pure, lorsque tu venais ici tout tremblant, et que, n'osant me parler de ton amour, tu me parlais de mes camélias. Ah! ne m'ôte pas ce souvenir, Jacques, et quelque coupable que tu m'aies jugée depuis, quelque insensée que je te paraisse encore, ne me reprends pas le passé, ne me dis pas que tu n'as pas senti pour moi un véritable amour; c'est le seul amour de ma vie, vois-tu, c'est mon rêve, c'est mon roman de jeune fille, commencé à trente ans, fini en moins de deux semaines!... fini! oh non! ce rêve ne m'a jamais quittée. Il ne finira qu'avec ma vie; je n'ai aimé qu'une fois, je n'ai aimé qu'un seul homme, et cet homme, c'est toi, Jacques: ne le savais-tu point, ne le vois-tu pas? Je t'ai emporté dans le secret de mon cœur, et je t'y ai gardé comme mon unique trésor. Depuis trois ans, il ne s'est pas passé un jour, une heure, où je n'aie été plongée dans le ravissement de mon souvenir. C'est là ce qui m'a fait vivre, c'est là ce qui m'a donné la force d'être irréprochable dans mes actions depuis trois ans, comme j'étais irréprochable dans mes pensées. Je voulais me purifier par une vie régulière, par des habitudes de fidélité. J'ai essayé d'aimer Félix de S..... comme on aime un mari quand on n'a pas d'amour pour lui et qu'on respecte son honneur. Et lui, le crédule jeune homme, s'est cru aimé du jour où j'ai eu une véritable passion dans l'âme pour un autre. Mais il a eu raison de m'estimer et de me respecter au point de vouloir me donner son nom. Ne lui avais-je pas sacrifié la satisfaction du seul amour que j'aie véritablement senti ? Aussi, quand j'ai accepté ce nom et cette formalité significative du mariage, j'ai songé à toi, Jacques, je me suis dit : Si Félix revient à la vie, du moins Jacques saura que j'ai mérité d'être réhabilitée; s'il succombe, Jacques me reverra purifiée, ce ne sera plus une courtisane qu'il pressera en frissonnant contre sa poitrine, ce sera la comtesse de S..., la veuve d'un honnête homme, une femme indépendante de tout lien honteux, une maîtresse fidèle, éprouvée par trois ans d'absence et libre de se donner après un combat de trois ans contre les hommes et contre lui-même.... Oh! Jacques, c'est ainsi que je t'ai aimé, et je reviens ici, je me berce depuis vingt-quatre heures des plus doux rêves. Je caresse mille projets, je m'endors dans les délices de mon imagination en attendant que je fasse des démarches pour te chercher et te retrouver ; et tout-à-coup le roman infernal de ma destinée s'accomplit : tu parais devant moi, tu sembles sortir de terre, juste à l'endroit où je t'ai vu pour la première fois ! Je t'enlève, je t'entraîne ici, parmi ces fleurs, où, pour la première fois tu m'as parlé... Nous sommes seuls... je suis encore belle... je t'aime avec passion... et toi tu ne m'aimes plus ! oh ! c'est horrible, et voilà toute ma vie expiée dans ce seul instant. »

III.

La pâle traduction que nous venons de donner des paroles d'Isidora ne saurait donner une idée de son éloquence naturelle. Ce don de la parole, quelques femmes, même les femmes vulgaires en apparence, le possède à un degré remarquable et l'exercent jusque sur des sujets frivoles. La profession d'avocat conviendrait merveilleusement à certaines femmes du peuple que vous avez dû rencontrer aussi bien que moi, et sur les lèvres desquelles le *discours* venait de lui-même s'arranger à propos du moindre objet de négoce ou du moindre récit de l'évènement du quartier. Les Parisiennes ont particulièrement cette faculté oratoire, cette propension à énoncer leur pensée sous des formes pittoresques ou littéraires et avec une pantomime animée, gracieuse ou plaisante, minaudière ou passionnée, emphatique ou naïve. Isidora était une de ces enfants du peuple de Paris, une de ces mobiles et saisissantes imaginations qui se répandent en expressions aussi vite qu'elles s'impressionnent. Elle avait donné à son propre esprit, par la lecture et le spectacle des arts, une éducation recherchée, brillante et presque solide, dans les loisirs de la richesse ; et l'élocution facile qu'elle avait eue pour la répartie mutine et l'apostrophe mordante, elle l'avait conservée pour l'analyse de ses sentiments et le récit de ses émotions passionnées. Jacques avait déjà été frappé de cette éloquence féminine, déjà il en avait subi diversement l'influence, lorsqu'elle avait été tour à tour la divine Julie, et l'audacieux domino de l'Opéra. Il se sentit de nouveau sous le charme, et ce ne fut pas sans une terreur mêlée de plaisir. Il ne se piquait pas d'être un stoïque, et son amour pour Alice n'ayant jamais reçu d'encouragement, n'ayant pu nourrir aucune espérance, n'était pas un préservatif à l'épreuve du feu d'une passion expansive et provocante comme l'était celle d'Isidora. Nous essayerions en vain de faire deviner l'expression de sa physionomie si calme et si hautaine à l'habitude, si puissante de persuasion lorsqu'elle révélait tout-à-coup les orages cachés; ni les accents de sa voix éteinte dans les discours sans intérêt, flexible, saccadée, pénétrante, déchirante dans l'abandon du désespoir et de l'amour. Jacques sentit qu'il tremblait, qu'il avait alternativement chaud et froid, qu'il retombait sous l'empire de la fascination, et Isidora qui, par instants, jetait ses bras autour de lui avec ivresse et les retirait avec crainte, sentit, elle aussi, que Jacques perdait la tête.

Et pourtant, hélas! tout ce qu'elle venait de lui dire était-il bien vrai? Sincère, oui; mais véridique, non. Qu'elle crût, dans cet instant, ne rien raconter que d'historique dans sa vie, et que dans sa vie, il y eût, depuis trois ans, beaucoup de rêveries, de regrets et d'élans vers ce pur amour de Jacques, unique, en effet, dans ses souvenirs, par sa nature confiante et naïve, rien de plus certain; qu'elle eût été fidèle au comte de S..., qu'elle eût désiré se réhabiliter par le mariage, par besoin d'honneur plus que par désir d'une fortune assurée, cela était encore vrai; mais qu'elle ne se fût pas laissé distraire un seul instant de la passion de Jacques par les jouissances du faste, qu'elle l'eût quitté dans le seul dessein de ne pas le rendre malheureux, plutôt que pour n'être pas honteusement délaissée par Félix; qu'enfin, elle n'eût songé qu'à Jacques en se faisant épouser, et que l'amour des richesses certaines n'eût pas été mêlé, à l'insu d'elle-même, au désir ambitieux d'un titre et d'une vaine considération; voilà ce qui n'était qu'à moitié vrai. Il ne faut pas oublier qu'il y avait une bonne et une mauvaise puissance, agissant, à forces égales, sur l'âme naturellement grande mais fatalement corrompue de cette femme. En revoyant Jacques, elle retrouva toute la poétique et brûlante énergie du roman qu'elle avait caressé en secret dans sa pensée, depuis trois ans; secret tour à tour douloureux et charmant, selon la disposition de son âme impressionnable et changeante, et qui l'avait aidée, en effet, à vivre sagement, mais qui n'eût pas été suffisant pour une telle réforme de conduite, sans l'espérance et la volonté de dominer et de soumettre le comte de S... Alors elle se plut à s'expliquer à elle-même sa propre vie par ce miracle de l'amour, qui lui plaisait davantage, parce qu'en effet, il était davantage dans ses bons instincts; et l'imagination, cette maîtresse toute-puissante de son cerveau, qui lui tenait lieu du cœur éteint et des sens blasés, déploya ses ailes pour l'emporter loin du domaine de la réalité. Jacques, entraîné dans son tourbillon, perdait pied, et se sentait comme soulevé par l'ouragan dans ce monde rempli de fantômes et d'abîmes.

Cette Isidora si séduisante, si belle et si violemment éprise de lui, n'était-elle pas la même femme qu'il avait aimée avec enthousiasme, puis avec délire, puis enfin avec de profonds déchirements de cœur, longtemps encore après avoir été brusquement séparé d'elle? Nous n'oserions pas dire que six mois encore avant cette nouvelle rencontre, Jacques, au moment d'aimer Alice, qu'il connaissait à peine, n'eût pas éprouvé d'énergiques retours de l'ancienne et unique passion. C'était bien plutôt lui qui eût pu, s'il eût été disposé à se vanter de sa fidélité, raconter à Isidora qu'il avait langui et souffert pour elle durant presque toute cette absence, et ce roman de son cœur eût été beaucoup plus authentique que celui qu'elle venait de faire sortir de son propre cerveau.

Pourtant je ne sais quel doute obstiné se mêlait à l'ivresse croissante de Jacques. Tout était vrai dans l'expression d'Isidora ; sa voix sonore, son regard humide, son sein agité; mais son exaltation, pour être sentie, n'en était pas moins appliquée à une assertion peu vraisemblable, et la sagesse, la modestie du jeune homme, se débattaient encore contre les séductions d'un genre de flatterie où les femmes sont toutes-puissantes. Son humble fortune, son nom ignoré, son extérieur timide, rien en lui ne pouvait tenter la cupidité ou la vanité d'une telle femme. Et puis, s'il est vrai que les femmes sont crédules aux doux mensonges de l'amour, il faut bien avouer que, par nature et par position, les hommes le sont bien davantage.

La lutte était engagée. Isidora voulait ardemment la victoire, non qu'elle eût conservé les mœurs de la galanterie. Il n'est rien de plus froid à cet égard que la femme qui a abusé de la liberté, rien de plus chaste, peut-être, que celle qui rougit d'avoir mal vécu. Mais il y a dans ces âmes-là, et il y avait dans la sienne en particulier, un insatiable orgueil. Elle ne pouvait se résoudre à perdre Jacques malgré elle, elle qui avait eu la force de le quitter. Le danger d'échouer, l'étonnement de sa résistance étaient des stimulants à cette passion moitié sentie, moitié factice. Dans l'excitation nerveuse qu'elle éprouvait, elle pouvait, sans efforts et sans fausseté, parcourir tous les tons, et s'identifier, à la manière des grands artistes, avec toutes les nuances de son improvisation brûlante. Elle frappa le dernier coup en s'humiliant devant Jacques : « Ne me hais pas ; oh ! je t'en prie, ne me hais pas ! lui dit-elle, en courbant presque sur son sein les flots de sa noire chevelure. Ne crois pas que je sois indigne de ta pitié. Vois où l'amour m'a réduite! moi qui la repoussais si fièrement autrefois, quand tu me l'offrais, cette pitié sainte, je te la demande aujourd'hui. Je te la demande au nom de cette femme que j'ai calomniée tout à l'heure, si c'est calomnier le plus pur des anges de supposer qu'il t'aime. Mais si ta modestie farouche repousse cette idée comme un crime, je la rétracte et je désavoue les paroles que la jalousie m'a arrachées. Oui, la jalousie, je le confesse. Cette femme que j'adorais, que j'adore toujours dans sa bonté simple et courageuse, j'étais au moment de la haïr en songeant...

Mais je ne veux même pas répéter les mots qui t'offensent. Sois sûr que le bon principe est assez fort en moi pour triompher, et qu'il triomphe déjà. J'étoufferai, s'il le faut, l'amour qui me dévore, pour rester digne de l'amitié qu'elle m'offre. Eussé-je encore d'insolents soupçons, je les refoulerai dans mon sein, je la respecterai comme tu la respectes. Seras-tu content, Jacques, et croiras-tu que je t'aime? »

Jacques vit à ses pieds l'orgueilleuse Isidora, et soit que l'homme devienne plus faible que la femme quand il s'agit de donner le change à un véritable amour, soit qu'à bout de souffrance dans ses désirs ignorés pour Alice, il espérât guérir un mal inutile et funeste en s'enivrant de voluptés puissantes, il chercha l'oubli du présent dans le délire du passé.

Isidora eût souhaité des émotions plus douces et plus profondes. Ce ne fut pas sans douleur et sans effroi qu'elle accepta son facile triomphe. Elle fut sur le point de le repousser en échange d'un mot et d'un regard adressés à la Julie d'autrefois. Elle arracha bien à son amant ce doux nom qui, pour elle, résumait tout son rêve de bonheur; mais la familiarité d'un amour accepté lui ôta tout son prestige. Elle se livra sans confiance et sans transport, à travers des larmes amères qu'elle interpréta comme des larmes de joie; mais elle sentit avec un affreux désespoir qu'elle mentait et qu'elle n'avait pas eu de plus noble plaisir que celui de rendre Jacques infidèle à une femme austère et plus désirable qu'elle.

Car elle devina tout en sentant battre contre son cœur ce cœur rempli d'une autre affection, et bientôt elle éprouva l'invincible besoin de pleurer seule et de constater que sa victoire était la plus horrible défaite de sa vie. Va-t-en, dit-elle à Jacques, lorsque minuit sonna dans le lointain : « Tu ne m'aimes plus, ou tu ne m'aimes pas encore. Un abîme s'est creusé entre nous. Mais je le comblerai peut-être, Jacques, à force de repentir et de dévoûment. »

Elle s'était montrée douce et résignée malgré son angoisse. Jacques ne sentait encore que de l'attentendrissement et de la reconnaissance. Il essaya de ramener la paix dans son âme en lui parlant de l'avenir et des affections durables. Mais, lui aussi, il sentit tout-à-coup qu'il mentait. La peur et les remords le saisirent, et la parole expira sur ses lèvres. Isidora avait été vingt fois sur le point de lui dire : « Tais-toi, ceci est un sermon! » Mais elle se contint, soit par stoïcisme, soit par découragement, et elle trouva des prétextes pour se séparer de lui sans lui dévoiler, comme autrefois, la profonde et altière douleur de son âme impuissante et inassouvie.

IV.

Jacques, confus et tremblant, rentra dans le jardin de l'hôtel de T... comme un larron qui voudrait se cacher de lui-même. Il referma, sans bruit, la petite porte et jeta un regard craintif sur l'allée déserte et les massifs silencieux.

Les volets du rez-de-chaussée, habité par Alice, étaient fermés, nulle trace de lumière, aucun bruit à l'extérieur. Sans doute elle était couchée.

Ah! repose en paix, âme tranquille et sainte, pensa-t-il en approchant de ces fenêtres sans reflets et de cette façade morne d'une maison endormie sous le froid et fixe regard de la lune. Dors la nuit, et que tes jours s'envolent en sereines rêveries. Que l'orage, que la honte, que les luttes vaines et coupables, que les inutiles désirs et les remèdes empoisonnés, que la douleur et le mal soient pour moi seul! Maintenant me voilà condamné par ma conscience à me taire éternellement, et je ne pourrai plus même maudire ma timidité! »

Il fallait traverser l'antichambre de madame de T... pour rentrer dans la maison. Et qu'allait devenir Jacques si cette porte était fermée! mais à peine l'eut-il touchée, que Saint-Jean vint la lui ouvrir.

« Ne faites pas de bruit, monsieur Laurent; madame est *retirée*, » lui dit le bonhomme qui l'avait attendu sur ce banc classique en velours d'Utrecht, où les serviteurs du riche, victimes de ses caprices ou de ses habitudes, perdent de si longues heures entre un mauvais sommeil ou une oisiveté d'esprit plus mauvaise encore. Jacques lui exprima ses regrets de l'avoir fait veiller. « Pardi, monsieur, dit le bonhomme avec un sourire moitié bienveillant, moitié goguenard, il le fallait bien à moins de vous faire coucher à la belle étoile, ou à l'hôtel de S...! Rendez-moi ma clef? Eh! eh! vous l'emportez par mégarde! »

Jacques avait été mis, dans l'après-dînée, en possession de la chambre qu'il devait occuper désormais à l'hôtel de T... Ce n'était pas son ancienne mansarde; c'était un petit appartement beaucoup plus confortable, situé au second, mais ayant vue aussi sur le jardin. En examinant ce local, Jacques fut frappé du goût et de la grâce aimable avec lesquels il avait été décoré. Tout était simple; mais, par un étrange hasard, il semblait que la personne chargée de ce soin eût deviné ses goûts, ses paisibles habitudes de travail, le choix des livres qui pouvaient le charmer, et jusqu'aux couleurs de teinture qu'il aimait. La pensée ne lui vint pourtant pas que madame de T... eût daigné s'occuper elle-même de ces détails. Dans les commencements de son séjour à la campagne il avait été l'objet des attentions les plus délicates et les plus affectueuses dans ce qui concernait les douceurs de son installation. Mais depuis qu'Alice, préoccupée d'une pensée grave qu'il ne devinait pas, semblait s'être refroidie pour lui, il ne se flattait plus de lui inspirer ces prévenantes bontés. Agité et craignant de réfléchir, il se jeta sur son lit, espérant trouver dans le sommeil l'oubli momentané de la tristesse invincible qui le gagnait.

Mais il n'eut qu'un sommeil entrecoupé et des rêves insensés. Il pressait Alice dans ses bras, et tout à coup son visage divin, devenant le visage désolé d'Isidora, ses caresses se changeaient en malédictions, et la courtisane étranglait sous ses yeux la femme adorée.

Obsédé de ces folles visions, il se leva et s'approcha de sa fenêtre. Les menaces d'orage s'étaient dissipées: il n'y avait plus au firmament qu'une vague blancheur, des nuées transparentes, floconneuses, et l'argent mat du clair de la lune sur un fond de moire. Laurent jeta les yeux sur ce jardin funeste qui ne lui rappelait que des regrets ou des remords. Mais bientôt son attention fut fixée sur un objet inexplicable. Tout au fond du jardin, sur une espèce de terrasse relevée de trois gradins de pierre blanche, et fermée de grands murs, marchait lentement une forme noire qu'il lui était impossible de distinguer, mais dont le mouvement régulier et impassible pouvait être comparé à celui d'un pendule. Qui donc pouvait ainsi veiller dans la solitude et le silence de la nuit? D'abord un soupçon terrible, une âcre jalousie, s'empara du cerveau affaibli de Jacques. Comme s'il avait eu, lui, le droit d'être jaloux! Alice attendait-elle quelqu'un à cette heure solennelle et mystérieuse? Mais était-ce bien Alice? Isidora aussi portait un vêtement de deuil. Aurait-elle eu la fantaisie de venir rêver dans ce jardin plutôt que dans le sien? elle pouvait en avoir conservé une clef. Mais comment expliquer le choix de cette promenade? D'ailleurs Alice était mince, et il lui semblait voir une forme élancée.

Une demi-heure s'écoula ainsi. L'ombre paraissait infatigable, et elle était bien seule. Elle disparaissait derrière de grands vases de fleurs et quelques touffes de rosiers disposés sur le rebord de la terrasse. Puis elle se montrait toujours aux mêmes endroits découverts, suivant la même ligne, et avec tant d'uniformité, qu'on eût pu compter par minutes et secondes les allées et venues de son invariable exercice. Elle marchait lentement, ne s'arrêtait jamais, et paraissait bien plutôt plongée dans le recueillement d'une longue méditation qu'agitée par l'attente d'un rendez-vous quelconque.

Jacques fatigua son esprit et ses yeux à la suivre, jusqu'à ce que, cédant à la lassitude, et voulant se persuader que ce pouvait être la femme de chambre de madame de T..., attendant quelque amant pour son propre compte, il alla se recoucher. Après deux heures de cauchemar et de malaise, il retourna à la fenêtre. L'ombre marchait toujours. Etait-ce une hallucination? Cela faisait croire à quelque chose de surnaturel. Un spectre ou un automate pouvaient seuls errer ainsi pendant de si longues heures sans se lasser. Où un être humain eût-il pris tant de persévérance et d'insensibilité physique? L'horizon blanchissait, l'air devenait froid, et les feuilles se dilataient à l'approche de la rosée. Je resterai là, se dit Jacques, jusqu'à ce que la vision s'évanouisse ou jusqu'à ce que cette femme quitte le théâtre de sa promenade obstinée. A moins de passer par-dessus le mur, il faudra bien qu'elle se rapproche, que je la voie ou que je la devine.

Cette curiosité, mêlée d'angoisse, fit diversion à ses maux réels. Caché derrière la mousseline du rideau collé à ses vitres, il s'obstina à son tour à regarder, jusqu'à ce que le jour, s'épurant peu à peu, lui permît de reconnaître Alice. A n'en pouvoir douter, c'était elle qui, depuis une heure du matin jusqu'à quatre, avait ainsi marché sans relâche, sans distraction, et sans qu'aucune impression extérieure eût pu la déranger du problème intérieur qu'elle semblait occupée à résoudre. A mesure que le jour net et transparent qui précède le lever du soleil lui permettait de discerner les objets, Jacques voyait son attitude, sa démarche, les détails de son vêtement. Rien en elle n'annonçait le désordre de l'âme. Elle avait la même toilette de deuil qu'il lui avait vue la veille; elle n'avait pas songé à mettre un châle; elle avait la tête nue. Ses cheveux bruns, séparés sur son beau front, ne paraissaient pas avoir été déroulés pour une tentative de sommeil. Son pas était encore ferme quoique un peu ralenti; ses bras croisés sur sa poitrine sans raideur et sans contraction violente. Enfin, lorsque le premier rayon du soleil vint dorer les plus hautes branches, elle s'arrêta au milieu de la terrasse et parut regarder attentivement la façade de la maison.

Puis elle descendit les trois degrés et se dirigea vers la porte du petit salon d'été, sans avoir aperçu Jacques qui se cachait soigneusement. Lorsqu'elle fut assez près de la maison pour qu'il pût distinguer sa physionomie, il remarqua avec étonnement qu'elle était calme, pâle, il est vrai, comme l'aube, mais aussi sereine, et à peine altérée par la fatigue d'une si solennelle et si étrange veillée. Et, cependant, que n'avait-il pas fallu souffrir pour remporter une telle victoire sur soi-même ? « Oh! quelle femme êtes-vous donc ? s'écria Jacques intérieurement, quand il lui eut entendu doucement refermer la porte vitrée de son boudoir ; quelle énigme vivante, quelle âme céleste nourrie des plus hautes contemplations, ou quel cœur à jamais brisé par un morne désespoir? Vous n'aimez pas, non, vous n'aimez pas, car vous semblez ne pouvoir pas souffrir; mais vous avez aimé, et vous vivez peut-être d'un souvenir du mort ! « Et Jacques ne se doutait pas que ce mort c'était lui.

J'ai aimé! pensait Alice en se déshabillant avec lenteur et en s'étendant sur sa couche chaste et sombre.

Jacques fut bien abattu et bien préoccupé durant la leçon du matin qu'il donnait ordinairement avec tant de zèle et d'amour au fils d'Alice. Il s'en fit des reproches. Nos fautes ont ainsi toutes sortes de retentissements imprévus, petits ou grands, mais qui en raniment l'amertume par mille endroits.

A la campagne, Alice avait l'habitude de venir toujours, vers la fin de la leçon, écouter le résumé du précepteur ou de l'enfant. Jacques se dit que toute cette vie allait changer à Paris, et qu'il ne verrait peut-être pas Alice de la journée. On lui monta son déjeûner dans sa chambre, et le vieux serviteur lui dit que madame avait commandé que son couvert fût mis tous les jours à sa table à l'heure du dîner. Jacques attendit cette heure avec anxiété. Mais il dîna tête-à-tête avec son élève. « Madame a la migraine, dit le bonhomme Saint-Jean, une forte migraine, à ce qui paraît ; elle n'a rien pris de la journée. »

Et il secoua la tête d'un air chagrin.

Nous laisserons Jacques Laurent

à ses anxiétés, et nous rendrons compte au lecteur de la journée d'Alice.

V.

Après quelques heures d'un sommeil calme, elle s'habilla avec le même soin qu'à l'ordinaire et se fit apporter la clef de la petite porte du jardin. « Je la laisserai dans la serrure, dit-elle à Saint-Jean, et vous ne l'ôterez jamais. » Puis elle se dirigea avec une lenteur tranquille vers le jardin d'Isidora, et elle alla s'asseoir dans la serre, où elle voulut rester seule quelques instants avant de la faire avertir. Il y avait là quelque désordre, un coussin de velours tombé dans le sable, quelques belles fleurs brisées autour de la fontaine. Alice eut un frisson glacé, mais aucun soupir ne trahit, même dans la solitude, l'émotion de son âme profonde.

Elle allait se diriger enfin vers le pavillon, lorsque Isidora parut devant elle, en robe blanche sous une légère mante noire. Isidora était fière de porter en public ce deuil qui la faisait épouse et veuve ; mais elle haïssait cette sombre couleur et ce souvenir de mort. N'attendant pas sitôt la visite de sa belle-sœur, elle cachait à peine sous sa mante cette toilette du matin, molle et fraîche, dans laquelle elle se sentait renaître. Pourtant le visage de la superbe fille était fort altéré. Sa beauté n'en souffrait pas ; elle y gagnait peut-être en expression ; mais il était facile de voir à son œil plombé et à sa riche chevelure à peine nouée, qu'elle avait peu dormi et qu'elle avait eu hâte de se retremper dans l'air du matin. Il était à peine neuf heures.

Elle fit un léger cri de surprise, puis, comme charmée, elle s'élança vers Alice; mais dans son rapide regard, je ne sais quelle farouche inquiétude se trahit en chemin.

Alice, clairvoyante et forte, lui sourit sans effort et lui tendit une main qu'Isidora porta à ses lèvres avec un mouvement convulsif de reconnaissance, mais sans pouvoir détacher son œil, noir et craintif comme celui d'une gazelle, du placide regard d'Alice. Alice était bien pâle aussi, mais si paisible et si souriante, qu'on eût dit qu'elle était l'amante victorieuse en face de l'amante trahie.

Elle ne se doute de rien! pensa l'autre; et elle reprit son aplomb, d'autant plus qu'Alice ne parut pas faire la moindre attention à son joli peignoir de mousseline blanche.

« Vous ne m'attendiez pas si matin, lui dit madame de T...; mais vous m'aviez dit que vous défendriez votre porte et que vous ne sortiriez pas tant que je ne se- serais pas venue; je n'ai pas voulu vous condamner à une longue réclusion, et, en attendant votre réveil, je prenais plaisir à faire connaissance avec vos belles fleurs.

— Mes plus belles fleurs sont sans parfum et sans pureté auprès de vous, répondit Isidora, et ne prenez pas ceci pour une métaphore apportée de l'Italie, la terre classique des rébus. Je pense naïvement ce que je vous dis d'une façon ridicule; c'est assez le caractère de l'enthousiasme italien. Il peraît exagéré à force d'être sincère. Ah! madame, que vous êtes belle au jour, que votre air de bonté me pénètre, et que votre manière d'être avec moi me rend heureuse! Vous ne partagez donc pas l'animosité de votre famille contre moi? Vous n'avez donc pas le sot et féroce orgueil des femmes du grand monde?

— Ne parlons ni de ma famille, ni des femmes du monde : vous ne les connaissez pas encore. et peut-être n'aurez-vous pas tant à vous en plaindre que vous le croyez. Que vous importe, d'ailleurs, l'opinion de ceux qui, de leur côté, vous jugeraient ainsi sans vous connaître ? Oubliez un peu tout qui se meut en dehors de votre véritable vie, comme je l'oublie, moi aussi; même quand je suis forcée de le traverser. Pensez un peu à moi, et laissez-moi ne penser qu'à vous. Dites-moi, croyez-vous que vous pourrez m'aimer? »

Cette question était faite avec une sorte de sévérité où la franchise impérieuse se mêlait à la cordiale bienveillance. Isidora essaya de se récrier sur la cruauté d'un tel doute; mais le regard ferme et bon d'Alice semblait lui dire: *pas de phrases! je mérite mieux de vous.* Et Isidora, sentant tout à coup le poids de cette âme supérieure tomber sur la sienne, fut saisie d'un malaise qui ressemblait à la peur.

Cette peur devint de l'épouvante lorsqu'Alice ajouta, en retenant fortement sa main dans la sienne : « Répondez-moi, répondez-moi donc hardiment, Julie!

— Julie? s'écria la courtisane hors d'elle-même. Quel nom me donnez-vous là ?

— Permettez-moi de vous le donner toujours, reprit Alice avec une grande douceur; un de nos amis communs vous a connue sous ce nom, qui est sans doute le véritable, et qui m'est plus doux à prononcer.

— C'est mon nom de baptême, en effet, dit Isidora avec un triste sourire; mais je n'ai pas voulu le porter après que j'ai eu quitté ma famille et mon humble condition. C'est mon nom d'ouvrière, car vous savez que j'étais une pauvre enfant du peuple.

— C'est votre titre de noblesse à mes yeux.

— Vraiment?

— Vraiment oui ! Ne croyez donc pas que les idées ne pénètrent pas jusque dans les têtes coiffées en naissant d'un hochet blasonné. Ne soyez pas plus fière que moi ; nommez-moi Alice, et reprenez pour moi votre nom de Julie.

— Ah ! il me rappelle tant de choses douces et cruelles! ma jeunesse, mon ignorance, mes illusions, tout ce que j'ai perdu! Oui, donnez-le-moi, ce cher nom, pour que j'oublie tout ce qui s'est passé pendant que je m'appelais Isidora... Car celui-là vous fait mal aussi à prononcer, n'est-ce pas? » Et en disant ces derniers mots, Isidora regarda à son tour Alice avec une sincérité impérative.

Alice eleva sa belle main délicate, et la posant sur le front de la courtisanne: » Je vous jure, par votre rare intelligence, lui dit-elle, que si votre cœur est aussi bon que votre beauté est puissante, quoiqu'il y ait eu dnas votre vie, je ne veux ni le savoir, ni le juger. Que de vous à moi, ce qui peut vous faire souffrir dans le passé soit comme s'il n'avait jamais existé. Si vous êtes grande, généreuse et sincère, Dieu a dû vous absoudre, et aucune de ses créatures n'a le droit de trouver Dieu trop indulgent. Répondez-moi donc, car je ne vous demande pas autre chose. Votre cœur est-il bien vivant? Etes-vous bien capable d'aimer? Car si cela est, vous valez tout autant devant Dieu que moi qui vous interroge. »

Isidora, entièrement vaincue par l'ascendant de la justice et de la bonté, mit ses deux mains sur son visage et garda le silence. Son enthousiasme d'habitude avait fait place à un attendrissement profond, mais douloureux. Il lui fallait bien aimer Alice, et elle sentait qu'elle l'aimait plus encore que durant l'accès d'exaltation qu'elle avait éprouvé la veille en recevant les premières ouvertures de son amitié.

Mais le fantôme de Jacques Laurent avait passé entre elles deux, et il y avait eu de la haine mêlée à ce premier élan de son cœur vers une rivale. Maintenant le respect brisait la jalousie. L'orgueil abattu ne trouvait plus d'ivresse dans la reconnaissance. Alice n'était plus là comme une fée qui l'enlevait à la terre, mais comme une sœur de la Charité qui sondait ses plaies. La fière malade ne pouvait repousser cette main généreuse ; mais elle avait honte d'avouer qu'elle avait plus besoin de secours et de pardon que de justice.

Alice écarta avec une sorte d'autorité les mains de la courtisane et vit la confusion sur ce front que les outrages réunis de tous les hommes n'eussent pas pu faire rougir.

« Eh bien, lui dit-elle, si vous n'êtes pas sûre de vous-même, attendez pour me répondre. J'aurai du courage, et je ne me rebuterai pas.

« Je ne venais pas pour vous imposer la confiance et l'amitié. Je venais vous les offrir et vous les demander.

— Et moi, je vous donne toute mon âme, lui répondit enfin Isidora en dévorant des larmes brûlantes.

« Ne sentez-vous pas que vous me dominez et que ma foi vous appartient?

« Mais ne voyez-vous pas aussi

que je ne suis pas aussi bien avec Dieu et avec moi-même que vous l'espériez? Ne voyez-vous pas que j'ai honte de faire un pareil aveu? Ne soyez pas cruelle et n'abusez pas de votre ascendant, car je ne sais pas si je pourrai le subir longtemps sans me révolter. Ah! je suis une âme malheureuse, j'ai besoin de pitié à cause de ce que je souffre; mais la pitié m'humilie, et je ne peux pas l'accepter!

— De la pitié! Dieu seul a le droit de l'exercer; mais les hommes! Oh! vous avez raison de repousser la pitié de ces êtres qui en ont tous besoin pour eux-mêmes.

J'en serais bien digne, chère Julie, si je vous offrais la mienne.

— Que m'offres-tu donc, noble femme? suis-je digne de ton affection?

— Oui, Julie, si vous la partagez.

— Et ne vois-tu pas que je l'implorerais à genoux, s'il le fallait ! Oh! belle et bonne créature de Dieu que vous êtes, prenez garde à ce que vous allez faire en m'ouvrant le trésor de votre affection; car si vous vous retirez de moi quand vous aurez vu le fond de mon cœur, vous aurez frappé le dernier coup, et je serai forcée de vous maudire.

— Pourquoi mêlez-vous toujours quelque chose de sinistre à votre expansion? On vous a donc fait bien du mal? Et cependant un homme vous a rendu justice, un homme vous a aimée.

— De quel homme parlez-vous?

— De mon frère.

— Ah! ne parlons pas de lui, Alice, car c'est là que notre lien, à peine formé, va peut-être se rompre, à moins que ma franchise ne me fasse absoudre!

— Pas de confession, ma chère

Julie. Je sais de vous certaines choses que je comprends sans les approuver. Mais trois années de dévouement et de fidélité les ont expiées.

— Ecoutez, écoutez, s'écria Julie en se pliant sur le coussin de velours resté à terre aux pieds d'Alice, dans une attitude à demi-familière, à demi-prosternée : je ne veux pas que vous me croyez meilleure que je ne le suis. J'aimerais mieux que vous me crussiez pire, afin d'avoir à conquérir votre estime que je ne veux ni surprendre ni extorquer. Je veux vous dire toute ma vie.

Et comme Alice fit involontairement un geste d'effroi, elle ajouta avec abattement :

« Non, je ne vous raconterai rien ; je ne le pourrais pas non plus ; mais je tâcherai de me faire connaître, en parlant au hasard ; car mon cœur est plein de trouble, et je ne puis recevoir en silence un bienfait que je crains de ne pas mériter.

« Oh ! madame, on n'est pas belle et pauvre impunément, dans notre abominable société de pauvres et de riches, et ce don de Dieu, le plus magique de tous, la beauté de la femme, la femme du peuple doit trembler de le transmettre à sa fille.

Je me rappelle un dicton populaire que j'entendais répéter autour de moi dans mon enfance : *Elle a des yeux à la perdition de son âme*, disaient les commères du voisinage, en me prenant des mains de ma mère pour m'embrasser. Ah! que j'ai bien compris depuis cette naïve et sinistre prédiction!

« C'est que la beauté et la misère forment un assemblage si monstrueux! La misère laide, sale, cruelle, le travail implacable, dévorant, les privations obstinées, le froid, la faim, l'isolement, la honte, les haillons, tout cela est si sûrement mortel pour la beauté ! Et la beauté est ambitieuse ; elle sent qu'elle est une puissance, qu'un règne lui serait dévolu si nous vivions selon les desseins de Dieu ; elle sent qu'elle attire et commande l'amour ; qu'elle peut élever une mendiante au-dessus d'une reine dans le cœur des hommes ; elle souffre et s'indigne du néant et des fers de la pauvreté.

« Elle ne veut pas servir, mais commander ; elle veut monter, et non disparaître ; elle veut connaître et posséder ; mais, hélas ! à quel prix la société lui accorde-t-elle ce règne funeste et cette ivresse d'un jour!

« Et moi aussi j'ai voulu régner, et j'ai trouvé l'esclavage et la honte. Vous pensez peut-être qu'il y a des âmes faites pour le vice, et condamnées d'avance; d'autres âmes faites pour la vertu et incorruptibles. Vous êtes peut-être fataliste comme les gens heureux qui croient à leur étoile. Ah! sachez qu'il n'y a de fatal pour nous en ce monde que le mal qui nous environne, et que nous ne pouvons pas conjurer. S'il nous était donné de le juger et de le connaître, la peur tiendrait lieu de force aux plus faibles. Mais que sait-on du mal quand on ne le porte pas en soi? Nos bons instincts ne sont-ils pas légitimes, et par cela même invincibles? A qui la faute si nous sommes condamnés à périr ou à les étouffer?

« Ton ambition t'a perdue, me disait ma pauvre mère en courroux, après mes premières fautes. Cela était vrai; mais quelle était donc cette ambition si coupable? Hélas! je n'en connaissais pas d'autre que celle d'être aimée! Suis-je donc criminelle pour n'avoir pas trouvé l'amour, pour moins encore, pour n'avoir pas su qu'il n'existait pas.

« Et ne trouvant pas la réalité de l'amour, il a fallu me contenter du semblant. Des hommages et des dons, ce n'est pas l'amour, et pourtant la plupart des femmes qui portent le même nom que moi dans la société n'en demande pas davantage. Mais le plus grand malheur qui puisse échoir à une femme comme moi, c'est de n'être pas stupide. Une courtisane intelligente, douée d'un esprit sérieux et d'un cœur aimant! mais c'est une monstruosité! Et pourtant je ne suis pas la seule. Quelques-unes d'entre nous meurent de douleur, de dégoût et de regrets, au milieu de cette vie de plaisir, d'opulence et de frivolité qu'elles ont accepté.

Ce n'est pas la cupidité, ce n'est pas le libertinage, qui les ont conduites à ce que la société considère comme un état de dégradation.

Il est vrai qu'elles ont commis, comme moi, des fautes, et qu'elles ont caressé aussi de dangereuses, de coupables erreurs. Elles ont accepté leur opulence de mains indignes, et lâchement reçu comme un dédommagement de leur esclavage, ou de leur abandon, des richesses qu'elles auraient dû haïr et repousser.

Il y a beaucoup d'intrigantes, qui, pour s'assurer ces richesses, jouent avec la passion, menacent d'une rupture, feignent la jalousie, poursuivent de leurs transports étudiés un amant qui les quitte, enfin trafiquent de l'amour d'une manière honteuse. A celles-là rien de sacré, rien de vrai. Elles n'aiment jamais; elles quittent un amant par la seule raison qu'un amant plus riche se présente. Ces femmes-là me font horreur, et je me surprends à les mépriser comme si j'étais irréprochable! Mais quelques-unes d'entre nous valent mieux sans qu'on s'en aperçoive, sans qu'on leur en sache aucun gré. Elles ne calculent pas, elles ne comptent pas avec la richesse.

« Le hasard seul a voulu que le premier objet de leur passion fût riche, et elles n'ont pas prévu qu'en se laissant combler, elles seraient regardées bientôt comme vendues.

« Puis dans l'habitude de luxe où elles vivent, avec les besoins factices qu'on leur crée, avec l'entourage de riches admirateurs qui fait leurs relations, leur âme s'amollit, leur constitution s'énerve, le travail et la misère leur deviennent des pensées de terreur. Si elles changent d'amant, c'est un riche qui se présente, c'est un riche qui est accepté.

« Devenues futiles et aveugles, un homme simple et modeste n'est plus un homme à leurs yeux ; il n'exerce pas de séduction sur elles ; un habit mal fait le rend ridicule, le défaut d'usage, la simplicité des manières le font paraître déplaisant, et nous serions humiliées d'avoir un tel protecteur, et de paraître avec lui en public. Nous devenons plus aristocratiques, plus patriciennes que les duchesses de l'ancienne cour et les reines modernes de la finance.

« Et puis l'oisiveté est une autre

cause de démoralisation, et c'est encore par là que nous en venons à ressembler aux grandes dames. Nous avons pris l'habitude de donner tant d'heures à la toilette, à la promenade, à de frivoles entretiens; nous trônons avec tant de nonchalance sur nos ottomanes ou dans nos avant-scènes, qu'il nous devient bientôt impossible de nous occuper avec suite à rien de sérieux.

Nos sots plaisirs nous excèdent, mais la solitude nous effraye, et nous ne pouvons plus nous passer de cette vie de représentation stupide, qui est à la fois un fardeau et un besoin pour nous.

« Et puis encore, l'orgueil ! cette sorte d'orgueil particulier aux êtres qu'on s'est efforcé d'avilir, qui ont donné des armes contre eux, et qui ne pouvant retrouver le vrai chemin de l'honneur, se font gloire de leur contenance intrépide. Oh ! cet orgueil-là, pour être illégitime, n'en est pas moins jaloux, ombrageux et despotique à l'excès. On pourrait le comparer à celui de certains hommes politiques qui se drapent dans leur impopularité.

« Jugez donc de ce que doit souffrir une tête douée d'intelligence et de raison, quand, poussée par la fatalité dans cette voie sans issue, elle arrive à perdre la puissance de se réhabiliter sans en avoir perdu le besoin.

« Ah ! madame, vous n'êtes pas, vous, une femme vulgaire, vous avez un grand cœur, une grande intelligence. Il est impossible que vous ne me compreniez pas. Vous ne voudriez pas m'insulter en me mettant sous les yeux les prétendus éléments de mon bonheur, le nom et le titre que je porte, la sécurité de ma fortune, de ma liberté, ma beauté encore florissante, et mon esprit généralement vanté et apprécié par de prétendus amis.

« Mon nom de patricienne et mon

titre de comtesse, je les dois à l'amour aveugle et obstiné d'un homme que je ne pouvais pas aimer, et que j'ai souvent trompé, avide et insatiable que j'étais d'un instant d'amour et de bonheur impossibles à trouver !

« Cet homme excellent, mais homme du monde malgré tout, jaloux sans passion et généreux sans miséricorde, n'eût jamais osé faire de moi sa femme, s'il eût dû survivre à la maladie qui l'a emporté.

« À son lit de mort, il a voulu, par un étrange caprice, me laisser dans le monde un rang auquel je ne songeais pas, et que j'ai eu la faiblesse d'accepter sans comprendre que ce serait là encore une fausse dignité, une puissance illusoire, une comédie de réhabilitation, un masque sur l'infamie de mon nom de fille.

« La famille du comte de S... n'a pas voulu me disputer le legs considérable dont je jouis, et cette crainte du scandale est la marque de dédain la plus incisive qu'elle m'ait donnée. Je sais bien que dans le temps où nous vivons je pourrais braver ce dédain, me pousser par l'intrigue dans les salons, y réussir, y tourner la tête d'un lord excentrique ou d'un Français sceptique, faire encore un riche, peut-être un illustre mariage, qui sait! aller à la cour citoyenne comme certaines filles publiques bien autrement avilies que moi, s'y sont poussées et installées à force d'impudence ou d'habileté. Mais je n'ai pas la ressource d'être vile, et ce genre d'ambition m'est impossible.

« Mon orgueil est trop éclairé pour aller affronter des mépris qui me font souffrir par la seule pensée qu'ils existent au fond des cœurs, quelque part, chez des gens que je ne connais même pas. Je ne pourrais pas, je n'ai jamais pu m'entourer de ces femmes équivoques qui ont fait justement comme moi, par les mêmes hasards, mais avec d'autres intentions et d'autres moyens. J'abhorre l'intrigue; et j'éprouve une sorte de consolation à écraser ces femmes-là du mépris qu'elles m'inspirent.

« Mais, hélas ! pour valoir mieux qu'elles, je n'en suis que plus malheureuse.

« Ne pouvant m'amuser à la possession des bijoux et des voitures, à la conquête des révérences et à l'exhibition d'une couronne de comtesse sur mes cartes de visite, j'ai l'âme remplie d'un idéal que je n'ai jamais pu, et que, moins que jamais, je puis atteindre.

« Le manque d'amour me tue,

et le besoin d'être aimée me torture... Et pourtant je ne suis pas sûre de n'avoir pas perdu moi-même, au milieu de tant de souffrances, la puissance d'aimer.

« Ah! la voilà, cette révélation qui vous effraye et à laquelle vous n'osiez pas vous attendre ! Je vous ai devinée, Alice, et je sais bien ce qui a disposé votre grand cœur à m'absoudre de toute ma vie. Dans votre vie de réserve et de pudeur, à vous, vous vous êtes dit avec l'humilité d'un ange, que les femmes comme moi avaient une sorte de grandeur incomprise, qu'elles se rachetaient devant Dieu par la puissance de leurs affections, et que, comme à Madeleine, il leur serait beaucoup pardonné, parce qu'elles ont beaucoup aimé. Hélas ! vous n'avez pas compris que Dieu serait trop indulgent s'il permettait aux âmes qui abusent de ses dons de ne pas arriver à la satiété et à l'impuissance.

« Le châtiment est là pour le cœur de la femme comme pour les sens du débauché.

« Et ce malheur incommensurable n'est pas l'expiation des âmes vulgaires, sachez-le bien. J'ai été frappée, en Italie, de la différence qui existait entre moi et presque toutes ces femmes d'une organisation à la fois riche et grossière.

Elles avaient bien aussi des alternatives d'illusion et de déception, mais leurs sens sont si actifs, que leur illusion n'est pas tuée par ses nombreuses défaites. J'ai connu à Rome, une jeune fille de vingt ans qui me disait tranquillement, en comptant sur ses doigts :

« J'ai aimé trois fois, et j'ai toujours été trompée ; mais, cette fois-ci, je suis bien sûre d'être aimée, et de l'être pour toujours : »

Huit jours après, elle était trahie ; elle fut d'abord folle, puis malade à mourir ; puis, quand elle fut guérie, il se trouva qu'elle était passionnément éprise du médecin qui l'avait soignée, et qu'elle disait encore :

« Cette fois-ci, c'est pour toujours. »

J'ignore la suite de ses aventures; mais je gagerais qu'elle est aujourd'hui à son dixième amour et qu'elle ne désespère de rien. Pourtant cette fille était honnête, sincère, elle donnait toute son âme, elle se dévouait sans mesure, elle était admirable de confiance, de miséricorde et de folie. C'était une mobile et puissante organisation.

Nous ne sommes point ainsi, nous autres Françaises, nous autres Parisiennes surtout. Nous n'avons peut-être pas moins de cœur qu'elles ; mais nous avons beaucoup plus d'intelligence, et cette intelligence nous empêche d'oublier. Notre fierté est moins audacieuse ; elle est plus délicate. Elle ne se relève pas aussi aisément d'un affront ; elle raisonne ; elle voit le nouveau coup qui la menace dans la récente blessure dont elle saigne. Ce n'est pas une force égarée qui cherche aveuglément le remède dans l'oubli du mal et dans de nouveaux biens. C'est une force brisée qui ne peut se consoler de sa chute et qui se regrette amèrement elle-même.

Eh bien, Alice, voilà longtemps que je parle, et je ne vous ai encore rien dit, rien fait comprendre, peut-être. C'est que je suis une énigme pour moi-même. Malade d'amour, je n'aime pas. Une fois dans ma vie j'ai cru aimer... j'ai longtemps caressé ce rêve comme une réalité dont le souvenir faisait toute ma richesse, et à présent !... Eh bien, à présent, hélas! je ne suis pas même sûre de n'avoir pas rêvé. Ah! si je pouvais, si j'osais raconter! Tenez, c'est comme pour aimer: *Vorrei e non vorrei,*

— Eh bien, Julie, répondit Alice en étouffant un profond soupir; car les paroles d'Isidora l'avaient remplie d'effroi et navrée de tristesse: parlez et racontez. Vous en avez trop dit, et j'en ai trop entendu pour en rester là. Oubliez que vous parlez à la sœur de votre mari. Et pourquoi, d'ailleurs, ne serait-elle pas votre confidente? Lui vivant, vous eussiez pu chercher en elle un soutien contre votre propre faiblesse, un refuge dans vos courageux repentirs.

A présent que je ne peux plus lui conserver ou lui rendre les bienfaits de votre affection, je peux, du moins, accomplir son dernier vœu en remplissant, auprès de vous, le rôle d'une sœur.

—Appelez-moi votre sœur! dites ce mot adorable, *ma sœur*, s'écria Isidora en embrassant avec énergie les genoux d'Alice. Oh! s'il est possible que vous m'aimiez ainsi, oui, je jure à Dieu que, moi, je pourrai encore aimer et croire! »

En cet instant Isidora parlait avec l'élan de la conviction, et tout ce qu'elle avait encore de pur et de bon dans l'âme rayonnait dans son beau regard.

Alice l'embrassa et lui donna

le nom de sœur, en appelant sur elle la bénédiction de la grâce divine.

« Et maintenant, dit Julie tout en pleurs, je raconterai le fait le plus caché et le plus important de ma vie, mon seul amour !... C'est un homme que vous connaissez... qui demeure chez vous... qui vous a sans doute parlé de moi... »

— Oui, c'est Jacques Laurent », répondit Alice avec un calme héroïque.

Ce nom, dans la bouche de madame de T..., fit frissonner Isidora.

Elle redevint farouche un instant et plongea son regard dans celui d'Alice; mais elle ne put pénétrer dans cette âme invincible, et la courtisane jalouse et soupçonneuse fut trompée par la femme sans expérience et sans ruse. C'est peut-être la plus grande victoire que la pudeur ait jamais remportée.

« Elle ne l'aime pas, je peux tout dire, » pensa Isidora, et elle dit tout, en effet.

Elle raconta son histoire et celle de Jacques, dans les plus chauds détails. Elle n'omit des évènements de la nuit que les soupçons qu'elle avait eus sur sa rivale; elle les oublia plutôt qu'elle ne les voulut céler. Ne les ressentant plus, heureuse d'aimer Alice sans avoir à lutter contre de mauvais sentiments, elle dévoila, avec son éloquence animée, ce triste roman qu'elle voyait enfin se dessiner nettement dans ses souvenirs. Elle confessa même que, sans le vouloir, sans le savoir, entraînée par un prestige de l'imagination, elle avait exagéré à Jacques la passion qu'elle avait conservée pour lui; et quand elle eut fait cette confession courageuse, elle ajouta :

— C'est là le dernier trait de

ce malheureux caractère que je ne peux plus gouverner, le plus évident symptôme de cette maladie incurable à laquelle je succombe.

« Le besoin d'être aimée m'a fait croire à moi-même que j'aimais éperdûment, et je l'ai affirmé de bonne foi; j'en ai protesté avec ardeur.

« Il l'a cru, lui : comment ne l'eût-il pas fait, quand je le croyais moi-même ?

« Eh! bien, j'ai gâté mon roman en voulant le reprendre et le dénouer. Le premier dénoûment, brusqué dans la souffrance, l'avait laissé complet dans ma pensée. A présent il me semble qu'il ne vaut guère mieux que tous les autres, et que le héros ne m'est plus aussi cher.

« Il me semble que j'ai fait une mauvaise action en voulant prendre possession de son âme malgré lui.

« A coup sûr, j'ai manqué à ma fierté habituelle, à mon rôle de femme, en n'ayant pas la patience d'attendre qu'il se renflammât de lui-même.

« Quel doux triomphe c'eût été pour moi de voir peu à peu revenir à mes pieds, en suppliant, cet homme que j'avais si rudement abandonné au plus fort de sa passion, et qui a dû me maudire tant de fois! Et ne croyez pas que ce regret soit un pur orgueil de coquette : oh! non. Je ne demande à inspirer l'amour que pour réussir à y croire ou à le partager.

« J'ai donc empêché cet amour de renaître en voulant le rallumer précipitamment. Là encore ma soif maladive m'a fait renverser la coupe avant de boire, ou, pour employer une comparaison plus vraie, le froid mortel qui me gagne et m'épouvante m'a forcée à me jeter dans le feu où je me suis brûlée sans me réchauffer.

« Ah! condamnez-moi, noble Alice, et reprochez-moi sans pitié, ce désordre et cette fièvre d'abuser, qui, de mon ancienne vie de courtisane, a passé jusque dans mes plus purs sentiments ; ou plutôt, plaignez-moi, car je suis bien cruellement punie! punie par ma raison que je ne puis ni reprendre ni détruire, par la délicatesse de mon intelligence qui condamne ses propres égarements, par mon orgueil de femme qui frémit d'être si souvent compromis par ma vanité de fille.

« J'étais jalouse, cette nuit..... jalouse sans savoir de qui!...

« J'aurais accusé Dieu même de s'être mis contre moi pour m'enlever l'amour de cet homme! et j'ai cru qu'en le rendant infidèle à sa nouvelle amante je le reprendrais; mais je crains de l'avoir perdu davantage, car c'est bien par là que Dieu devait me châtier. Jacques ne m'aime plus..., cela est trop évident. Il me plaint encore; il est capable de me sermonner, de me protéger au besoin, de mettre toute sa science et toute sa vertu à me sauver. Il est si bon et si généreux! Mais qu'ai-je besoin d'un prêtre? c'est un amant que je voulais. J'en retrouve un distrait et sombre... Je ne suis pas aimée.

« Pour la centième et dernière fois de ma vie, je ne suis pas aimée !..... O mon Dieu! et, alors, comment faire pour que j'aime?

« Voilà mon cœur, hélas! chère Alice, ce cœur qui agonise et qui ne peut vous répondre de lui-même.

— Vous croyez que Jacques ne vous aime pas? dit Alice, plongée tout-à-coup dans une méditation étrange ; serait-ce possible ?... »

Puis elle ajouta en secouant la tête comme pour en chasser une idée importune :

— Non, ce n'est pas possible, Julie. Jacques est absorbé par une grande passion, j'en ai la certitude, et vous seule pouvez en être l'objet. Il a trop souffert pour que son premier transport ne soit pas douloureux.

« Mais aimez-le, ma pauvre sœur, au nom du ciel, aimez-le, et vous le sauverez en vous sauvant vous-même.

« Oh ! ne laissez pas tomber dans la poussière ce poème, ce roman de votre vie, comme vous l'appelez. Si vous avez jamais rencontré une âme capable de connaître et d'inspirer de l'amour véritable, c'est celle de Jacques; je le connais peut-être plus que vous-même, continua-t-elle avec un calme et mélancolique sourire. Depuis plusieurs mois que je le vois tous les jours et que je l'entend expliquer à mon fils les éléments du beau et du bon, je me suis assurée que c'était un noble caractère et une noble intelligence. Et puis ce n'est pas un homme du monde; sa vie est pure: la solitude, la pauvreté l'ont formé au courage et au renoncement.

« Il a sur la religion et la morale des idées plus élevées que celles d'aucun homme que j'aie connu. Ne le craignez pas, acceptez de lui la lumière de la sagesse, et rendez-lui le feu sacré de l'amour.

« Vous pouvez encore être heureuse par lui, et lui par vous, Julie ; que votre enthousiasme mutuel ne soit pas une faute et un égarement dans votre double existence. Vous vous êtes plu, maintenant aimez-vous ; et si cet amour ne peut devenir éternel et parfait, faites-le durer assez, ennoblissez-le assez pour qu'il vous soit salutaire à tous deux et vous dispose à mieux comprendre l'idéal de l'amour.

— Et pourquoi donc, Alice, reprit Isidora avec une sorte d'anxiété, ne garderiez-vous pas ce trésor pour vous-même ? Oh ! pardonnez-moi si mon langage est trop hardi ; mais qui doit connaître l'idéal de l'amour, si ce n'est une âme comme la vôtre ? qui doit mépriser les différences de rang et de fortune, si ce n'est vous.

— Il ne s'agit pas de moi, Julie, répondit Alice d'un ton de douceur sous lequel perçait une solennelle fierté ; si je souffrais, je vous consulterais à mon tour ; mais je ne souffre pas de mon repos, et l'heure d'aimer n'est apparemment pas venue pour moi, puisque je vous supplie d'aimer noblement le noble Jacques.

— Vous ne l'aimez pas, je le vois bien, Alice, car il n'est pas d'amour sans exclusivisme et sans un peu de jalousie. Et pourtant, voyez combien je vous préfère à toute la terre ! J'ai regret maintenant que vous n'ayez pas envie d'aimer Jacques, tant je serais heureuse de vous faire ce sacrifice.

— Qui ne vous coûterait pas beaucoup, hélas ! dans ce moment-ci, dit tristement Alice ; puisque vous n'êtes pas sûre de l'aimer.

— Ah ! quand même je l'aimerais comme le premier jour où je le vis, comme je me figurais l'aimer hier soir ! Mais si vous ordonnez que je l'aime, Dieu fera ce miracle pour moi. Si mon salut est là, selon vous, je vous promets, je vous jure de ne le point chercher ailleurs.

— Oui, jurez-le-moi, Julie !

— Par quoi jurerai-je ? par le nom de ma sœur Alice ? Je n'en connais pas qui me soit plus sacré.

— Oui, jurez par mon nom de sœur, répondit madame de T... en se levant pour se retirer et en lui serrant fortement la main. Jurez aussi par le nom de Félix, à la mémoire duquel vous devez d'aimer un homme qui respectera dans votre passé la trace de l'affection de mon frère. »

Julie promit, et elles se quittèrent en faisant le projet de se revoir le lendemain. Alice rentra aussi calme en apparence qu'elle était sortie, et elle s'enferma chez elle. Au bout d'une heure elle sonna sa femme de chambre.

« Laurette, dit elle à cette jeune Allemande, je me sens très malade. Je suis comme prise de fièvre et je ne comprends pas bien ce que je vois autour de moi. Ecoute, ma fille, tu m'aimes, et tu sais que je ferais pour toi ce que tu vas faire pour moi-même. Tu es pieuse, jure moi sur ta Bible protestante que si j'ai le délire, tu n'entendras rien, tu ne retiendras rien. Tu ne rediras à personne, pas même à moi... (et surtout à moi) les paroles qui pourront m'échapper...

N'aie pas peur, ce ne sera peut-être rien ; mais enfin il faut tout prévoir ; arme-toi de courage et de dévoûment : jure !

Laurette jura.

« Ce n'est pas tout. Jure-moi aussi que tu m'enfermeras si bien, que personne ne me soupçonnera malade d'autre chose que d'une migraine. Jure que tu n'appelleras pas le médecin tant que je serai dans le délire, si j'ai le délire. Jure que tu me laisseras mourir plutôt que de me laisser trahir un secret que j'ai sur le cœur et que Dieu seul doit connaître.

La simple fille jura malgré son épouvante.

Pâle et consternée, elle déshabilla sa maîtresse qu'un frisson glacial venait de saisir et dont les dents contractées claquaient déjà avec un bruit sinistre.

Alice resta étendue sur son lit, sans mouvement, pendant vingt-quatre heures. Ses appréhensions ne se réalisèrent pas. Elle n'eut pas de délire.

Les âmes habituées à se dompter et à se contenir portent le silence et le mystère jusque dans le tombeau.

Alice fut plus en danger de mourir durant cette effroyable crise nerveuse que Laurette ne put le comprendre. Elle ne faisait pas entendre une plainte.

Froide, roide et pâle comme une statue de marbre blanc, les yeux ouverts et fixes, elle n'avait aucune connaissance, aucun sentiment de sa situation ; si Laurette ne l'eût sentie respirer faiblement, elle l'eût crue morte : mais comme elle respirait et ne pouvait exprimer sa souffrance, la bonne Allemande s'imagina parfois qu'elle dormait les yeux ouverts.

Heureusement l'affection fait parfois deviner aux êtres les plus simples ce qui peut nous sauver. Laurette sentant le corps d'Alice si froid et si contracté, ne songea qu'à la réchauffer, et elle finit par amener une légère transpiration. Peu à peu Alice revint à elle-même, et le premier mot qu'elle put articuler, fut pour demander à son humble amie si elle avait parlé.

« Hélas! madame, répondit Laurette, vous en étiez bien empêchée. Voyons si vous n'avez point la langue coupée ou les dents cassées; car je n'ai jamais pu vous faire avaler une seule goutte d'eau.

« Dieu soit loué, votre belle bouche n'a rien de moins, et maintenant que vous voilà mieux, il vous faut le médecin et du bouillon.

— Tout ce que tu voudras, Laurette. A présent, j'ai ma tête, je vois clairement. Je souffre beaucoup, mais je suis en possession de ma volonté.

« Embrasse-moi, ma bonne créature, et va te reposer. Envoie-moi mon fils et les autres femmes. Si je me sens redevenir folle, je te ferai rappeler bien vite.

— Eh ! madame, vous n'avez été que trop sage, » dit Laurette naïvement.

Le médecin s'étonna de trouver Alice si faible, et s'émerveilla des terribles effets de la migraine chez les femmes.

Vingt-quatre heures après, Alice était levée et prenait du chocolat au lait d'amandes dans son petit salon, avec son fils qui la réjouissait de ses caresses, et qui la regardait de temps en temps en lui disant :

« Petite mère, pourquoi donc vous êtes toute blanche, toute blanche? »

Alice avait la pâleur d'un spectre.

Vingt-quatre heures encore s'écoulèrent avant qu'Alice voulût se montrer à Jacques Laurent. Les ravages de la douleur et de la volonté étaient encore visibles sur son visage, mais déjà ils étaient moins effrayants, et le calme profond qui suit de telles victoires résidait sur son large front encadré de bandeaux soigneusement lissés par Laurette.

Ce jour-là à six heures, Jacques,

averti que le dîner était servi, entra dans la salle à manger avec la même préoccupation inquiète que les jours précédents. Mais en voyant Alice assise sur son fauteuil où l'avait apportée le vieux Saint-Jean, un cri de joie lui échappa, cri si profond, si expressif, qu'Alice en tressaillit légèrement.

« J'ai été assez souffrante, mon ami, lui dit-elle en lui tendant la main. Mais ce n'était rien de grave, et me voilà guérie. Je sais que vous avez veillé sur mon enfant comme l'eût fait sa propre mère. Je ne vous en remercie pas, Laurent, mais je vous en aime davantage. »

Pour la première fois, Jacques porta la main d'Alice à ses lèvres; il ne pouvait parler, il craignait de s'évanouir.

Pour la première fois aussi, Alice devina qu'elle était aimée. Mais il était trop tard, et une pareille découverte ne pouvait qu'augmenter sa souffrance.

Qu'était-ce donc qu'un amour si différent du sien, un amour compliqué, flottant, partagé déjà dans le présent et dans le passé, dans l'avenir peut-être ? Toute sa puissance sur le cœur de Jacques s'était donc réduite, et devait probablement se réduire encore à le rendre infidèle parfois à un souvenir adoré, à une passion toute puissante dans ses accès et ses retours !

Peut-être qu'Alice eût pardonné si elle eût compris qu'elle n'était point la rivale d'Isidora, mais qu'au contraire Isidora était la sienne dans le cœur de Jacques; qu'elle n'avait pas causé l'infidélité, mais que l'infidélité avait été commise contre elle. Mais elle en jugea autrement, et elle s'était d'ailleurs trop engagée avec Julie pour ne pas prendre en horreur l'idée de lui disputer son amant. Elle frisonna comme quelqu'un qui se réveille au bord d'un abîme, et elle fit un immense effort de courage et de dignité pour s'éloigner à jamais du danger d'y tomber. Pourtant, chose étrange, mais que toute femme comprendra, à partir de cet instant, ce courage lui parut plus facile.

Jacques avait ignoré, ainsi que tout le monde, la gravité du mal qu'elle qualifiait d'indisposition. Il fut effrayé de sa pâleur. Cependant, comme il n'y avait pas d'autre altération profonde dans ses traits, comme l'expression en était sereine, plus sereine même qu'à l'ordinaire, il ne soupçonna pas qu'elle eût été vingt-quatre heures aux prises avec la mort. Il osa à peine la questionner sur ses souffrances, et quoiqu'il eût résolu de lui reprocher, au nom de son fils et de ses amis, l'imprudence qu'elle avait commise en passant toute une nuit à se promener nue tête dans le jardin, il ne put jamais avoir cette hardiesse.

Le souvenir de cette promenade étrange le frappait de respect et d'une sorte de terreur. Il avait cru découvrir là qu'un grand secret remplissait la vie de cette femme silencieuse et contenue.

Mais quelle pouvait être la nature d'un tel secret? Etait-ce une douleur de l'âme ou une souffrance physique soigneusement cachée ?

Peut-être, hélas! l'accès d'un mal mortel étouffé avec stoïcisme depuis longtemps.

Depuis six mois il remarquait bien qu'Alice pâlissait et maigrissait d'une manière sensible; mais comme elle ne se plaignait jamais et paraissait d'une constitution robuste, il n'en avait pas encore pris de l'inquiétude. Que croire maintenant? Sa veillée solitaire dans une si profonde absorption était-elle le résultat ou la cause du mal? Quoi que ce fût, il y avait là dedans quelque chose de solennel et de mystérieux que Jacques n'osait pas dire avoir surpris. A peine put-il se hasarder à demander si madame de T... n'avait pas pris un rhume.

« Non pas, que je sache, répondit-elle simplement. Ce n'est pas la saison des rhumes. » Et tout fut dit.

Jacques ne devait pas savoir qu'il avait assisté au suicide d'une passion profonde, et qu'il était la cause de ce suicide, l'objet de cette passion.

Le repas fini, Alice voulut se lever pour retourner au salon. Mais il y avait un reste de paralysie dans ses jambes, et il lui fut impossible de faire un pas.

Elle pria Jacques d'aller lui chercher un livre dans la chambre de son fils, et l'enfant ayant suivi son précepteur, elle se fit reporter sur son fauteuil : elle ne voulait pas que ces deux êtres se doutassent de ce qu'elle avait souffert.

« Mon ami, dit-elle à Jacques, lorsqu'il fut de retour, nous sommes encore seuls ce soir. Je ne rouvrirai ma porte que demain. Je veux utiliser cette soirée en la consacrant à ma belle-sœur, à laquelle j'avais donné, pour avant-hier, un rendez-vous dans son jardin.

« J'ai été forcée d'y manquer et

elle doit être inquiète de moi ; car elle a de l'affection pour moi, j'en suis certaine, et, moi, j'en ai pour elle, beaucoup... mais beaucoup ! Vous aviez raison, Jacques, condamner sans appel est odieux; juger sans connaître est absurde.

« Madame de S... n'est une femme ordinaire en rien. Je serais heureuse de la voir maintenant ; mais je suis encore un peu faible pour marcher.

« Voulez-vous avoir l'obligeance d'aller chez elle, de vous informer si elle est seule, si elle est maîtresse de sa soirée, et, dans ce cas, de me l'amener ?

« Vous pouvez passer par les jardins. La petite porte est et sera désormais toujours ouverte. »

Jacques obéit. Isidora se préparait à monter en voiture pour aller se promener au bois avec quelques personnes.

A peine sut-elle l'objet de la mission de Jacques, par un billet écrit au crayon dans l'antichambre, qu'elle congédia son monde, fit dételer sa voiture, et, jetant son voile sur sa tête, elle s'élança vers lui et prit son bras avec une vivacité touchante. « Ah! que je vous remercie! lui dit-elle en courant avec lui, comme une jeune fille, à travers les jardins. Quelle bonne mission vous remplissez là ! Je croyais qu'elle m'avait déjà oubliée, et je ne vivais plus.

— Elle a été malade, dit Jacques.

— Sérieusement, mon Dieu?

— Je ne pense pas ; cependant elle est fort changée. »

Le pressentiment de la vérité traversa l'esprit pénétrant d'Isidora.

Lorsqu'elle songeait à la conduite d'Alice, elle était près de tout deviner; mais, lorsqu'elle la voyait, ses soupçons s'évanouissaient. C'est ce qui lui arriva encore, lorsque Alice la reçut avec un rayon de bonheur dans les yeux et les bras loyalement ouverts à ses tendres caresses. L'impétueuse et indomptée Isidora, ne pouvait élever sa pensée jusqu'à comprendre la fermeté patiente d'un tel martyre, la sublime générosité d'un tel effort.

Et cependant Isidora n'était pas incapable d'un aussi grand sacrifice; mais elle l'eût accompli autrement, et l'orage de sa passion vaincue eût fait trembler la terre sous ses pieds.

Quel orage pourtant, que celui qui

avait passé sur le tête d'Alice! quelle tempête avait bouleversé tous les éléments de son être durant cette longue nuit dont le calme avait tant effrayé Jacques! et il n'en avait pourtant pas coûté la vie à un brin d'herbe.

Les sanglots d'Alice n'étaient pas sortis de sa poitrine ; ses soupirs n'avaient fait tomber aucune feuille de rose autour d'elle.

Je ne me suis pas promis d'écrire des évènements, mais une histoire intime. Je ne finirai par aucun coup de théâtre, par aucun fait imprévu. Alice, Isidora, Jacques, réunis ce soir-là, et souvent depuis, tantôt dans le petit salon, tantôt sur la terrasse du jardin, tantôt dans la belle serre aux camélias, se guérirent peu à peu de leurs secrètes blessures. Isidora fut, chaque jour, plus belle, plus éloquente, plus vraie, plus rajeunie par un amour senti et partagé. Jacques fut, chaque jour, plus frappé et plus pénétré de cet amour qu'il avait tant pleuré, et qui lui revenait, suave et doux comme dans les premiers jours, auprès de Julie, ardent et fort comme il l'avait été aux heures de l'ivresse et de la douleur. Elle aima, par reconnaissance d'abord, puis par entraînement, et, enfin, par enthousiasme; car Julie retrouvait, avec la confiance, la jeunesse et la puissance de son âme.

Alice fut le lien entre eux. Elle fut la confidente des dernières souffrances et des dernières luttes d'Isidora.

Elle s'attacha à la rendre digne de Jacques, et, sans jamais parler avec lui de leur amour, elle sut lui faire voir et comprendre quel trésor était encore intact au fond de cette âme déchirée. Quant à lui, le noble jeune homme, il le savait bien déjà, puisqu'il avait pu l'aimer alors qu'elle le méritait moins. Mais il avait conçu un idéal plus parfait de l'amour et de la femme en voyant Alice. Par quelle fatalité, étant aimé d'elle, ne put-il jamais le savoir? Et elle, par quel excès de modestie et de fierté fut-elle trop longtemps aveuglée sur les véritables sentiments qu'elle lui avait inspirés? Ces deux âmes étaient trop pudiques et trop naïves, et, disons-le encore une fois, trop éprises l'une de l'autre, pour se deviner et se posséder. Leur amour n'était pas de ce monde; il n'y put trouver place. Une nature toute d'expansion, d'audace et de flamme s'empara de Jacques : et, ne le plaignez pas, il n'est point trop malheureux.

Mais qu'il ignore à jamais le secret d'Alice, car Isidora serait perdue! Rassurez-vous, il l'ignorera.

Fiez-vous à la dignité d'une âme comme celle d'Alice. Elle a trop souffert pour perdre le fruit d'une victoire si chèrement achetée. Et ce serait bien en vain qu'elle apprendrait maintenant toute la vérité. Le soir où elle compta, en regardant la pendule, les minutes et les heures que son amant passait aux pieds d'une rivale, elle s'était fait ce raisonnement : S'il ne m'aime pas, je ne puis vivre de honte et d'humiliation : s'il m'aime et qu'il se laisse distraire seulement une heure, je ne pourrai jamais le lui pardonner. Dans tous les cas, il faut que je guérisse.

Ne la trouvez pas trop orgueilleuse.

A vingt-cinq ans, elle n'avait jamais aimé, et elle s'était fait de l'amour un idéal divin. Elle ne pouvait pas comprendre les faiblesses, les entraînements, les défaillances des amours de ce monde. A la voir si indulgente, si généreuse, si étrangère par conséquent aux passions des autres, on jurerait qu'elle n'essayera plus d'aimer.

Vous me direz que c'est invraisemblable, et qu'on ne peut pas finir si follement un roman si sérieux. Et si je vous disais qu'Alice est si bien guérie qu'elle en meurt? vous ne le croiriez pas; personne ne s'en doute autour d'elle, son médecin moins que personne.

Cependant elle n'est pas condamnée à mort comme malade, dans ma pensée.

Isidora a-t-elle donc embrassé dans Jacques son dernier amour?

Un jour ne peut-il pas venir où celui d'Alice renaîtra de ses cendres? celui de Jacques est-il éteint ou assoupi? n'y aura-t-il jamais entre eux une heure d'éloquente explication?

Qui sait? ces romans-là ne sont jamais absolument terminés.

En effet, ce roman ne devait pas finir là, et lorsque nous racontions ce qu'on vient de lire, nous ne connaissions pas bien les pensées de Jacques Laurent. Un an plus tard, nous reçûmes de nouvelles confidences, et les papiers qui tombèrent entre nos mains nous forcent de donner une troisième partie à son histoire.

TROISIÈME PARTIE.

Ce manuscrit serait un peu obscur si le lecteur n'était au courant du double amour qui s'agitait dans le cœur de notre héros. Nous avons pourtant cru devoir conserver les lettres initiales qu'il avait tracées en tête de chaque paragraphe, selon que ses pensées le ramenaient à Isidora, ou l'emportaient vers Alice.

CAHIER I.

Je me croyais jadis un grand philosophe, et je n'étais encore qu'un enfant. Aujourd'hui je voudrais être un homme, et je crains de n'être qu'un mince philosophe, un *philosopheur*, comme dit Isidora. Et pourquoi cet invincible besoin de soumettre toutes les émotions de ma vie à la froide et implacable logique de la vertu? La vertu! ce mot fait bondir d'indignation la rebelle créature que je ne puis ni croire, ni convaincre. Monstrueux hyménée que nos âmes n'ont pu et ne pourront jamais ratifier! Ce sont les fiançailles du plaisir : rien de plus!

— La vertu! oui, le mot est pédantesque, j'en conviens, quand il n'est pas naïf. Mon Dieu, vous seul savez pourtant que pour moi c'est un mot sacré. Non, je n'y attache pas ce risible orgueil qu'elle me suppose si durement; non, pour aimer et désirer la vertu, je ne me crois pas supérieur aux autres hommes, puisque, plus j'étudie les lois de la vérité, plus je me trouve égaré loin de ses chemins, et comme perdu dans une vie d'illusion et d'erreur. Funeste erreur que celle qui nous entraîne sans nous aveugler! Illusions déplorables que celles qui nous laissent entrevoir la réalité derrière un voile trop facile à soulever!

Et j'écrivais sur la philosophie! et je prétendais composer un traité, formuler le code d'une société idéale, et proposer aux hommes un nouveau contrat social!... Eh bien, oui, je prétendais, comme tant d'autres, instruire et corriger mes semblables, et je n'ai pu ni m'instruire ni me corriger moi-même. Heureusement mon livre n'a pas été fini; heureusement il n'a point paru; heureusement je me suis aperçu à temps que je n'avais pas reçu d'en haut la mission d'enseigner, et que j'avais tout à apprendre. Je n'ai pas grossi le nombre de ces écoliers superbes, qui, tout gonflés des leçons de leurs maîtres, s'en vont endoctrinant le siècle, sans porter en eux-mêmes la lumière et la force qu'ils aspirent à répandre ! Cela m'a sauvé d'un ridicule aux yeux d'autrui. Mais, à mes propres yeux, en suis-je purgé ?

Triste cœur, tu es mécontent de toi-même dans le passé, parce que tu es honteux de toi-même dans le présent. Et pourtant tu valais mieux, en effet, alors que tu te croyais meilleur. Tu étais sincère, tu n'avais rien à combattre ; tu aimais le beau avec passion ; tu te nourrissais de contemplations idéales ; tu te croyais de la race des fanatiques... Tu ne te savais pas faible; tu ne savais pas que tu ne savais pas souffrir!...

— 155 —

Sanctifiées... Tu vas le savoir, pas
tard ; il ne serait pas que tu ne
savais pas semblar...

CAHIER I.

Et pourquoi n'ai-je pas su souffrir? pourquoi ai-je voulu être heureux en étant juste? Mon Dieu, suprême sagesse, suprême bonté! vous qui pardonnez à nos faibles aspirations et qui ne condamnez pas sans retour, vous savez pourtant que je demandais peu de chose sur la terre. Je ne voulais ni richesses, ni gloire, ni plaisirs, ni puissance : oh! vous le savez, je ne soupirais pas après les vanités humaines; j'acceptais la plus humble condition, la plus obscure influence, les privations les plus austères.

Quand la misère ployait mon pauvre corps, je ne sentais d'amertume dans mon cœur que pour la souffrance de mes frères... Tout ce que je me permettais d'espérer, c'était de trouver dans mon abnégation sa propre récompense, une âme calme, des pensées toujours pures, une douce joie dans la pratique du bien...

Et quand l'amour est venu s'emparer de ma jeunesse, quand une femme m'est apparue comme le résumé des bienfaits de votre providence, quand j'ai cru qu'il suffisait d'aimer de toute la puisance de mon être pour être aimé avec droiture et abandon, il s'est trouvé que cet être si fier et si beau était maudit, que cette fleur si suave avait un ver rongeur dans le sein, et que je ne serais aimé d'elle qu'à la condition de souffrir mortellement.

Eh bien, mon Dieu, j'ai accepté cela encore! Elle s'est arrachée de mes bras, et je l'ai perdue sans amertume, sans ressentiment; j'ai consenti à l'attendre, à la retrouver, et, pendant des années, je l'ai aimée dans la douleur et dans la pitié, sans certitude... que dis-je? sans espoir d'être aimé! Et pendant ces sombres et lentes années, abattu, mais non brisé, triste, mais non irrité, j'élevais mon âme selon mes forces, à la contemplation des vérités éternelles. Je vivais dans la pureté, j'essayais de répandre autour de moi l'amour du bien, je ne cherchais la récompense de mes humbles travaux que dans les charmes enthousiastes de l'étude. Et puis, lorsque de secrètes douleurs, ignorées de tous, à peine avouées par moi-même, sont venues me troubler, j'ai refoulé mon mal bien avant dans ma poitrine, je ne me suis pas plaint, j'ai respecté le calme sublime d'un autre cœur dont la possession m'eût fait oublier toute ma pâle et morne existence, en vain immolée à une femme orgueilleuse et coupable... Cette fois encore j'ai aimé en silence, et l'indifférence ne m'a pas trouvé plus audacieux et plus vain que n'avait fait le parjure et l'ingratitude...

CAHIER A.

Mais je ne veux pas me rappeler cela..... cela doit être comme n'existant pas, et mes yeux ne liront point ici ce nom que ma main n'a jamais osé tracer... Je goûtais, d'ailleurs, dans ce mystère de mes pensées, une sorte de volupté navrante. Je sacrifiais mes agitations au repos d'une âme sublime.

CAHIER A.

Toujours ce souvenir secret, toujours ce vœu étouffé!..... Écartons-le à jamais! mon âme n'est plus un sanctuaire digne de le contenir; elle est trop troublée, trop endolorie. Il faut un lac aussi pur que le ciel pour refléter la figure d'un ange.

CAHIER I.

Quand j'ai retrouvé cette femme terrible et funeste, qui avait eu mes premiers transports, je ne l'aimais plus. Hélas! non. Je chercherais vainement à vous tromper, ô vérité incréée! Je ne l'aimais plus, je ne la désirais plus ; son apparition a été pour moi comme un châtiment céleste pour des fautes que je n'ai pourtant pas conscience d'avoir commises. Elle a cru m'aimer encore, elle croit m'avoir toujours aimé, elle veut que je l'aime ; elle le dit, du moins, elle se le persuade peut-être, et elle me le persuade à moi-même. Ma destinée bizarre la jette dans ma vie comme un devoir, et je l'accepte. Ne dit-elle pas que si je l'abandonne, elle est perdue, rendue à l'égarement du vice, au mal du désespoir ? Et à voir comme cette belle âme est agitée, je ne saurais douter des périls qui la menacent si je ne lui sers pas d'égide!... Eh bien, mon Dieu, faites donc que dans l'accomplissement d'un devoir, il y ait une joie... un repos, du moins, quelque chose qui nous donne la force de persévérer et qui nous avertisse que vous êtes content de nous! *Malheureux humains que nous sommes!* (1) si nous sentions cela, du moins! si nos pensées pouvaient s'élever assez par l'exaltation de la prière, pour arracher à la vérité éternelle un reflet de sa clarté, un rayon de sa chaleur, une étincelle

(1) On sait que c'est le premier vers du fameux quatrain de J.-J. Rousseau.

de sa vie! Mais nous ne savons rien! nous nous traînons dans les ténèbres, incertains si c'est le mal ou le bien qui s'accomplit en nous et par nous. Nous n'avons pas plus tôt renoncé à un objet de nos désirs, que l'objet du sacrifice nous semble celui qu'il aurait fallu sacrifier. Nous nous dépouillons pour donner, et la main qui nous implorait se ferme et nous repousse. Nous arrosons de nos pleurs une terre qui promettait des fleurs et des fruits; elle se sèche et produit des ronces! Épouvantés, nous nous laissons déchirer par ses épines, et nous nous demandons s'il faut la maudire ou l'arroser de notre sang jusqu'à ce qu'il n'en reste plus! Sombre image de la parabole du bon grain! O semeurs opiniâtres et inutiles que nous sommes! Les rochers se dressent dans le désert, et nous tombons épuisés avant la fin du jour!

Pourquoi donc sa vie semble-t-elle s'épuiser comme une coupe que le soleil pompe et dessèche, sans qu'il s'en soit répandu une seule goutte au dehors ?... Mais silence, ô mon cœur ! ce n'est pas pour *elle* que tu dois souffrir ; ton martyre lui est étranger, inutile.... Il lui serait indifférent, sans doute..... C'est pour une autre que tu dois saigner sans relâche. Oh! qu'il serait doux de souffrir pour sauver ce qu'on aime !

CAHIER I.

Souffrir pour sauver ce qu'on n'aime plus... oh! c'est un martyre que les victimes des religions d'autrefois n'ont pas connu, et qu'elles n'auraient pas compris. Leur immolation avait un but, un résultat clair et vivifiant comme le soleil : et moi, je souffre dans la nuit lugubre, seul avec moi-même, auprès d'un être qui ne me comprend pas, ou qui peut-être me comprend trop. Pourquoi, mon Dieu, n'avez-vous pas fait notre cœur assez généreux ou assez soumis pour qu'il pût s'attacher avec passion aux objets de notre dévouement? Vous avez fait le cœur de la mère inépuisable et sublime en ce genre; et j'ai cru que je pourrais aimer une femme comme la mère aime son enfant, sans s'inquiéter de donner mille fois plus qu'elle ne reçoit, sans chercher d'autre récompense que le bien qu'il doit retirer de son amour?

L'amour! c'est un mot générique, et qui embrasse tant de sentiments divers! L'amour divin, l'amour maternel, l'amour conjugal, l'amour de soi-même, tout cela n'est point l'amour de l'amant pour sa maîtresse. Hélas! si j'osais encore me croire philosophe, je tâcherais de me définir à moi-même ce sentiment que je porte en moi pour mon supplice, et qui n'a jamais été satisfait. O éternelle aspiration, désir de l'âme et de l'esprit, que la volupté ne fait qu'exciter en vain! Tous les hommes sont-ils donc maudits comme moi? sont-ils donc condamnés à posséder une femme qu'ils voudraient voir transformée en une autre femme? Est-ce la femme qu'on ne possède pas, qui, seule, peut revêtir à nos yeux ces attraits qui dévorent l'imagination? Est-ce la jouissance d'un bien réel qui nous rassasie et nous rend ingrats?

CAHIER A.

Comme *elle* est pâle, comme sa démarche est lente et affaissée ! Quel mal inconnu ronge donc ainsi cette fleur sans tache ? Oh ! du moins c'est une noble passion, c'est un chaste souvenir ou un désir céleste ; c'est le besoin inassouvi de l'idéal, et non le dégoût impie et insolent des joies de la terre. Tu n'as abusé de rien, *toi!* tu mériterais le bonheur. Quel est donc l'insensé qui ne l'a pas compris, ou l'infâme qui te le refuse? Si je le connaissais, j'irais le chercher au bout du monde, pour l'amener à tes pieds ou pour le tuer!... Je suis fou!... Et toi, tu es si calme!

CAHIER I.

I. — Non, je ne suis pas de ces êtres stupides et orgueilleux qui se lassent du bonheur. Si j'avais le bonheur, je le savourerais comme jamais homme ne l'a savouré. Je ne me défends pas d'aimer. Je livre mon être et ma vie à quelqu'un qui ne veut pas ou ne peut pas s'en emparer : voilà tout. L'amour est un échange d'abandon et de délices; c'est quelque chose de si surnaturel et de si divin, qu'il faut une réciprocité complète, une fusion intime des deux âmes; c'est une trinité entre Dieu, l'homme et la femme. Que Dieu en soit absent, il ne reste plus que deux mortels aveugles et misérables, qui luttent en vain pour entretenir le feu sacré, et qui l'éteignent en se le disputant. Influence divine, ce n'est pas moi qui t'ai chassée du sanctuaire! c'est *elle*, c'est son orgueil insatiable; c'est son inquiétude jalouse qui t'éloignent sans cesse.

CAHIER A.

Oh ! si tu pouvais me donner un jour, une heure, du calme divin que ton âme renferme, et que reflète ton front pâle, je serais dédommagé de toute ma vie de rêves dévorants et de tourments ignorés.

Le calme ! sans doute, tu ne peux ou ne veux pas donner autre chose.

D'où vient que ton amitié ne me l'a pas donné? Il est des pensées terribles, dont l'ivresse n'oserait s'élever jusqu'à toi. Mais, si l'on pouvait s'asseoir à tes pieds, plonger, sans frémir, dans ton regard, respirer une heure, sans témoins opportuns et sans crainte de t'offenser, l'air qui t'environne.... serait-ce trop demander à Dieu? et n'ai-je pas assez souffert pour qu'il me soit permis de me représenter une si respectueuse et si enivrante volupté?

CAHIER I.

Non, l'amour ne peut pas être l'infatigable exercice de l'indulgence et de la compassion. Dieu n'a pas voulu que la plus chère espérance de l'homme vînt aboutir à l'abjuration de toute espérance. Philosophes austères, moralistes sans pitié, vous mentez si vous prétendez que l'amour n'a que des devoirs à remplir, et point de joies pures à exiger. Et vous autres, sceptiques matérialistes, qui prétendez que le plaisir est tout, et qu'on peut adorer ce qu'on n'admire pas, vous mentez encore plus. Vous mentez tous, aucun de vous n'aima jamais. Je ne peux pas aimer sans bonheur, et je ne veux pas de plaisirs sans amour. Elle a raison, elle qui devine ma soif et les tourments de mon âme! elle sent, elle sait que je ne l'aime pas comme elle veut être aimée; comme elle ne peut pas aimer elle-même. Ambitieuse effrénée, qui veut qu'on lui donne ce qu'elle n'a plus, et qu'on l'adore comme une divinité quand elle ne croit plus elle-même!... O malheureuse, malheureuse entre toutes les femmes, pourquoi faut-il que tu sois à jamais punie des erreurs qui t'ont brisée et du mal que tu détestes!

CAHIER A.

Et vous, qui n'aimez pas, qui n'avez peut-être jamais aimé, qui semblez vouloir n'aimer jamais, quelle pensée d'ineffable mélancolie peut donc vous tenir lieu de ce qui n'est pas, et vous préserver de ce qui pourrait être ? Mais qui donc saura jamais...

———

Ici le journal de Jacques Laurent paraît avoir été brusquement abandonné ; nous en avons vainement cherché la suite. Une lettre d'Isidora, datée de trois mois plus tard, nous explique cette interruption.

LETTRE PREMIÈRE.

ISIDORA A MADAME DE T...

Isidora à Madame de T...

« Alice, revenez à Paris, ou rappelez auprès de vous le précepteur de votre fils. Ses vacances ont duré assez longtemps, et Félix ne peut se passer des leçons de son ami. Quant à vous, ma sœur, cette solitude vous tuera. Je ne crois pas à ce que vous m'écrivez de votre santé et de votre tranquillité d'esprit. Moi, je pars, ma belle et chère Alice; je quitte la France, je quitte à jamais Jacques Laurent. Lisez ces papiers que je vous envoie et que je lui ai dérobés à son insu. Sachez donc enfin que c'est vous qu'il aime ; efforcez-vous de le guérir ou de le payer de retour. Je sais que son cœur généreux va s'effrayer et s'affliger pour moi de mon sacrifice. Je sais qu'il va me regretter, car s'il n'a pas d'amour pour moi, il me porte du moins une amitié tendre, un intérêt immense. Mais que vous l'aimiez ou non, pourvu qu'il vous voie, pourvu qu'il vive près de vous, je crois qu'il sera bientôt consolé.

« Et puis il faut vous avouer que je l'ai rendu cruellement malheureux. Vous vous étiez trompée, noble Alice ! nous ne pouvions pas associer des caractères et des existences si opposés. Voilà près d'une année que nous luttons en vain pour accepter ces différences. L'union d'un esprit austère avec une âme bouleversée par les tempêtes était un essai impossible. C'est une femme comme vous que Jacques devait aimer, et moi j'aurais dû le comprendre dès le premier jour où je vous ai vue.

» Je vous ferai ma confession entière. Depuis trois mois que j'ai surpris et comme volé le secret de Jacques, j'ai mis tout en œuvre pour le détacher de vous. Excepté de lui dire du mal de vous, ce qui m'eût été impossible, j'ai tout tenté pour vaincre l'obstacle, pour triompher de la passion que vous lui inspirez, et qui me causait une jalousie effrénée. Cette ambition avait réveillé mon amour, qui commençait à périr de fatigue et de souffrance ; je suis redevenue coquette, habile, tour-à-tour humble et emportée, boudeuse et soumise, ardente et dédaigneuse. Rien ne m'a réussi; votre absence lui avait ôté, je crois, jusqu'au sentiment de la vie. Il n'était plus auprès de moi qu'une victime du dévouement qu'il s'était imposé, et je suis presque certaine que, sans la crainte de vous sembler coupable et d'être blâmé par vous, son courage ne se serait pas soutenu. Mais je suis sûre aussi que, pour conquérir votre estime, il eût fait le sacrifice de sa vie entière, et qu'en souffrant mille tortures, il ne se serait jamais détaché de moi.

« Eh bien, ne soyez pas effrayée de ma résolution, Alice ! je la prends enfin avec calme. Hier encore, Jacques, plus pâle qu'un spectre, plus beau qu'un saint, me jurait qu'il ne me quitterait jamais, qu'il ne me manquerait jamais de parole. En voyant tant d'abnégation et de vertu, j'ai été prise tout à coup d'un accès de courage et de désintéressement, et je lui ai dit à jamais adieu dans mon cœur. Je vous écris de ma première station, sur la route d'Italie, et probablement il ignore encore, à l'heure qu'il est, que j'ai quitté Paris et brisé sa chaîne ! Voyez combien je suis guérie ! Je désire qu'il l'apprenne avec joie, et la seule tristesse que j'éprouve, c'est la crainte de lui laisser quelque regret.

« Pourquoi donc tardons-nous tant à faire ce qui est juste et bon? Quelle fausse idée nous attachons à l'importance de nos sacrifices et à la difficulté de notre courage! Il y a plus d'un an que je regarde comme une angoisse mortelle, le détachement que je porte aujourd'hui dans mon cœur avec une sorte de volupté. Je ne savais pas que la conscience d'un devoir accompli pouvait offrir tant de consolation. Ma naïveté à cet égard doit vous faire sourire. Hélas! c'est apparemment la première fois que je cède à un bon mouvement, sans arrière-pensée. Puissè-je tirer de cette première et grande expérience la force d'abjurer dans l'avenir mon aveugle et impérieuse personnalité !

« Pourquoi ne m'avez-vous pas aidée, chère Alice, à entrer dans cette voie? Ah! si vous aviez aimé Jacques, avec quel enthousiasme je l'aurais rendu à la liberté!... Et pourtant, hier encore, je luttais contre vous.... mais c'est que vous ne l'aimez pas.... Pourtant, que sais-je? votre langueur, votre mélancolie cachent peut-être le même secret.... Pardonnez-moi, je n'en dirai pas davantage, je vous respecte désormais au point de vous craindre. Voyez à quel point vous m'êtes sacrée! La passion de Jacques pour vous était, pour moi, comme un reflet de votre image dans son âme, et, quoique je fusse en possession de son secret, jamais je n'ai osé le lui dire, jamais je n'ai osé vous combattre ouvertement et vous nommer à lui.

« Revoyez-le sans crainte et sans confusion. Il croit que le vieux Saint-Jean a brûlé son journal par mégarde. Il ne se doutera jamais que sa confession est entre vos mains. Ah! c'est la confession d'un ange. Quel noble sentiment, Alice!

quelle ferveur mystérieuse, quel pieux respect ! n'en serez-vous pas touchée quelque jour ? J'aurais donné, moi, dix ans de jeunesse et de beauté pour être aimée ainsi, eussé-je dû ne l'apprendre jamais de sa bouche, et n'en recevoir même jamais un baiser furtif sur le bord de mon vêtement !

« C'en est fait ! je n'inspirerai jamais cette flamme sainte que j'ai follement rêvée. Autrefois je m'indignais contre mon sort, j'accusais le cœur de l'homme d'injustice, d'orgueil et de cruauté ; mais j'ai bien changé depuis un an ! Si quelque jour vous parlez de moi librement avec Jacques, dites-lui de ne pas se reprocher mes souffrances ; elles m'ont été salutaires, elles ont porté leurs fruits amers et fortifiants. J'ai reconnu enfin qu'il n'était pas au pouvoir du cœur le plus généreux et le plus sublime de donner toute sa flamme à un être troublé et malade comme moi..... J'ai reconnu le sceau de la justice divine et le prix de la vertu... la vertu que j'ai tant haïe et blasphémée dans mes désespoirs! Où seraient donc le bien et le mal ici bas, si les cœurs coupables pouvaient être récompensés dès cette vie, et s'il n'y avait pas d'inévitables expiations!

Ah! cette parole est vraie : « *Tu seras puni par où tu as péché!* » Cela est vrai pour toutes les erreurs, pour toutes les folles passions de l'humanité. Ceux qui ont abusé des bienfaits de Dieu ne le trouveront plus et seront condamnés à le chercher sans cesse! La femme sans frein et sans retenue mourra consumée par le rêve d'une passion qu'elle n'inspirera jamais.

Et pourtant l'Évangile nous montre les ouvriers de la dernière heure du jour récompensés comme ceux de la première...; mais le maître qui paye ainsi, c'est Dieu. Il n'est pas au pouvoir de l'homme de tout donner en échange de peu. Si l'ouvrier tardif et lâche avait le droit d'exiger une part complète, celui qui rétribue serait frustré, et c'est en amour surtout que l'égalité a besoin d'être respectée comme l'amour même ; car l'amour est aussi beau que la vertu, ou plutôt la vertu c'est l'amour. Il impose les plus grands devoirs, et ces devoirs-là, partagés également, sont les plus vives jouissances. Celui qui croit pouvoir mériter seul, présume trop de lui-même ; celui qui se croit dispensé de mériter, ne recueille rien.

C'est en Dieu seul que je me réfugie, ses trésors à lui sont inépuisables. Si le catholicisme n'était pas une fausse doctrine pour les hommes d'aujourd'hui, je sens que je me ferais carmélite ou trappiste à l'heure qu'il est; mais le Dieu des nonnes est encore un homme, une sorte d'égal, un jaloux, un amant; le Dieu qui peut me sauver, c'est celui qui ne punit pas sans retour. Il me semble que j'ai assez expié, et que je mérite d'entrer dans le repos des justes, c'est-à-dire de ne plus connaître les passions.

« Mais vous, Alice, vous avez

droit à la coupe de la vie, vous vous en êtes trop abstenue ; pourquoi donc craindriez-vous d'y porter vos lèvres pures? il est impossible qu'il y ait une goutte de fiel pour vous.... Je n'ose nommer Jacques, et pourtant, ma belle sainte, je ne puis m'empêcher de rêver que quelque jour.... un beau soir d'été plutôt, Jacques vous surprendra à la campagne, lisant ce paragraphe écrit de sa main : « Si l'on pouvait s'asseoir à tes pieds!..»

« Quand vous m'écrirez que ce moment est venu, je reviendrai près de vous, j'y reviendrai calme et purifiée ; et, à mon tour, Alice, je goûterai ce bonheur d'avoir fait des heureux, que vous vouliez garder pour vous seule!

« Isidora. »

La lettre qui suit est de dix ans postérieure à celle qu'on vient de lire.

LETTRE DEUXIÈME.

ISIDORA A MADAME DE T...

Isidora à Madame de T...

Non, je ne suis pas malheureuse. J'ai accompli pour vous, Alice, un sacrifice que je croyais bien grand alors...

Pardonnez-moi si je vous dis

aujourd'hui que, dans mes souvenirs, ce grand acte de courage me paraît chaque jour moins sublime, et qu'enfin j'arrive à me trouver assez peu héroïque... Que Jacques me pardonne de parler ainsi ! Et vous surtout, ma sœur chérie, pardonnez-moi de ne pas le pleurer... Il n'y a rien d'injurieux pour lui dans le calme avec lequel je puis parler à présent d'un sujet jadis si brûlant, et naguères encore si délicat. Ce n'est pas de Jacques que je suis guérie, c'est de l'amour ! Oui, vraiment, j'en suis guérie à jamais, Alice, et pour m'avoir fait cette grâce, Dieu a été trop bon pour moi, il m'a trop largement récompensée d'un moment de force.

Je vous dis cela ce soir, au bord du plus beau lac de la terre, par un coucher de soleil splendide, sous le ciel de la paisible et riante Lombardie, et je parle ainsi dans la sincérité de mon cœur.

Il me semble, tant je suis tranquille, que je ne puis plus souffrir.... Peut-être si le ciel était orageux, l'air âcre, et que le paysage, au lieu de l'églogue des prairies bordant de fleurs des flots placides, m'offrît le drame d'un volcan qui gronde et d'une nature qui menace.... peut-être mon âme serait-elle moins sereine, peut-être vous exprimerais-je le vide délicieux de mon âme en des termes plus résignés que triomphants..... Je ne sais, je n'ose chanter victoire, dans la crainte de tomber dans le péché d'orgueil et d'en être punie ; mais il est certain que, depuis quelques mois, depuis ma dernière lettre, je ressens une joie intérieure qui me semble durable et profonde.

À quoi l'attribuerai-je ? Sera-ce simplement à cet inappréciable bienfait du repos dont je ne me souvenais plus d'avoir joui ? peut-être ! O bonheur des âmes blessées et fatiguées, que tu es humble et modeste! tu te contentes de ne pas souffrir, tu ne demandes rien que l'absence d'un excès de souffrance; tu te replies sur toi-même comme une pauvre plante qui, après l'orage, n'a besoin que d'un grain de sable et d'une goutte d'eau ; bien juste de quoi ne pas mourir et se sentir faiblement vivre.... le plus faiblement possible!

Pas de funestes présages, Alice ! ne croyez pas me consoler et m'égayer en me disant que je suis encore jeune et que j'aimerai encore ! Non, je ne suis plus jeune ! si mes traits disent le contraire, ils mentent. C'est dans l'âme que les années marquent leur passage et laissent leur empreinte ; c'est notre cœur, c'est notre imagination qui vieillissent promptement ou résistent avec vaillance.

— ... Je relis ce que je vous écrivais tout-à-l'heure aux dernières clartés d'un soleil mourant ; on m'apporte une lampe, je m'éloigne de la fenêtre...

Mes idées prennent un autre cours.

Pourquoi confondais-je le cœur avec l'imagination ? Dans la jeunesse c'est peut-être une seule et même chose ; mais en vieillissant, les éléments de notre être deviennent plus distincts. Les sens s'éteignent d'un côté, le cerveau de l'autre ; mais le cœur est-il donc condamné à mourir avec eux ? Oh non ! grâce à la divine bonté de la Providence, la meilleure partie de nous-même survit à la plus fragile, et il arrive qu'on se trouve heureux de vieillir. O mystère sublime ! Vraiment la vie est meilleure qu'on ne croit ! L'injuste et superbe jeunesse recule avec effroi devant la pensée d'une transformation qui lui semble pire que la mort, mais qui est peut-être l'heure la plus pure et la plus sereine de notre pénible carrière.

Avec quelle terreur j'avais toujours pensé à la vieillesse! Dans la fleur de ma jeunesse, je n'y croyais pas. Moi vieillir! me disais-je en me contemplant : devenir grasse, lourde, désagréable à voir! Non, c'est impossible, cela n'arrivera pas. Je mourrai auparavant ; ou bien quand je me sentirai décliner, quand une femme me regardera sans envie et un homme sans désir, je me tuerai! »

Il n'y a pas longtemps encore qu'en consultant mon miroir, ce conseiller sévère, sur lequel les hommes ont dit et écrit tant de lieux communs satiriques, je m'effrayais d'une ride naissante et de quelques cheveux qui blanchissaient ; mais tout d'un coup, j'en ai pris mon parti, je n'ai même plus songé à m'assurer des ravages du temps, et le jour où je me suis dit que j'étais vieille, je me suis trouvée jeune pour une vieille. Et puis je crois que, précisément, toutes ces railleries de l'autre sexe, à propos des beautés qui s'en vont et qui se pleurent, m'ont donné un accès de fierté victorieuse. J'ai compris profondément cette ingratitude des hommes, qui, après avoir adulé notre puissance, l'insulte et la raille dès qu'elle nous échappe. Et j'ai trouvé qu'il fallait être bien avilie pour regretter ce vain hommage dont la fumée dure si peu. Enfin, raison ou lassitude, je me sens réconciliée avec la *vieille femme.*

La vieille femme! Eh bien oui, c'est une autre femme, un autre *moi* qui commence, et dont je n'ai pas encore à me plaindre. Celle-là est innocente de mes erreurs passées; elle les ignore parce qu'elle ne les comprend plus, et qu'elle se sent incapable de les imiter. Elle est douce, patiente et juste, autant que l'autre était irritable, exigeante et rude. Elle est redevenue simple et quasi naïve comme un enfant depuis qu'elle n'a plus souci de vaincre et de dominer.

Elle répare tout le mal que l'autre a fait, et, par dessus le marché, elle lui pardonne ce que l'autre, agitée de remords, ne pouvait plus se pardonner à elle-même. La jeune tremblait toujours de retomber dans le mal, elle le sentait sous ses pieds et n'osait faire un pas. La vieille marche en liberté et sans craindre les chutes, car rien ne l'attire plus vers les précipices.

Ne croyez pourtant pas, mes amis, que je vais me composer un rôle, une figure, un costume, un esprit de circonstance. Il y un genre de coquetterie que je déteste plus que la pire coquetterie des jeunes femmes, c'est celle des vieilles. Je veux parler de ces ex-beautés qui se réfugient dans la grâce, dans l'esprit, dans l'aménité caressante. Je connais ici une marquise de 60 ans dont l'éternel sourire et la banale bienveillance me font l'effet d'une prostitution de l'âme.

Certes c'est là une grande comédienne et qui dissimule bien ses regrets. Elle affecte d'aimer les jeunes gens des deux sexes d'une tendre affection, d'être la *maman* à tout le monde, de faire tous les frais de gaîté des réunions, d'amener des rencontres, de nouer des mariages, de se rendre indispensable en recevant toutes les confidences, en rendant mille petits services ; et, au fond du cœur, cette excellente femme est plus sèche et plus égoïste qu'on ne pense. Elle fait toutes choses en vue d'elle-même et du rôle qu'elle s'est imposé. Elle n'a pas pu rompre avec le succès, et elle poursuit sa carrière de reine des cœurs sous une forme nouvelle. Elle est jalouse de quiconque fait quelque bien, et j'ai failli être brouillée avec elle pour avoir adopté Agathe. Elle voulait l'accaparer, en faire *l'ornement* de son salon, frapper les esprits par la production au grand jour de cette modeste fille, pour arriver à la marier sottement à quelque vieux patricien, ex-comparse dans son cortége d'adorateurs. Elle eût trouvé moyen de faire grand bruit avec cela, et d'abandonner la pauvrette comme elle a fait de tant d'autres, quand elles ont eu assez brillé près d'elle, à son profit.

Non, non, jamais je n'imiterai cette marquise, et quand, d'un air doucereusement cruel, elle m'honore de ses avis et me cite son propre exemple pour m'engager à vieillir agréablement, je me détourne pour ne pas respirer son souffle glacé. Oh! je ne prendrai pas votre petit sentier parfumé de roses fanées, ma charmante vieille! Je suis vieille tout de bon, je le sens, je m'en réjouis, j'en triomphe tranquillement au fond de l'âme. Je n'ai pas besoin de jouer votre comédie. Je n'aime plus les hommes, moi! Je n'ai plus besoin de leurs louanges, j'en ai eu assez, et je sais ce qu'elles valent. Je trouve la vieillesse bonne et acceptable, mais elle m'arrive sérieuse et recueillie, non folâtre et remuante. J'ai encore du cœur, et je veux conserver ce bon reste en ne le gaspillant pas dans de feintes amitiés.

Pardonnez-moi une métaphore qui me vient. Je me figure la jeunesse comme un admirable paysage des Alpes. Tout y est puissant, grandiose, heurté. A côté d'une verdure étincelante, un bloc de pâles neiges et de glaces aigües a coulé dans le vallon, et les fleurs qui viennent d'éclore là, meurent au sein de l'été, frappées au cœur par une gelée soudaine et intempestive. Des roches formidables pendent sur de ravissantes oasis et les menacent incessamment. De limpides ruisseaux coulent silencieusement sur la mousse; puis, tout-à-coup, le torrent furieux qu'ils rencontrent, les emporte avec lui et les précipite avec fracas dans de mystérieux abîmes. La clochette des troupeaux et le chant du pâtre sont interrompus par le tonnerre de la cascade ou celui de l'avalanche : partout le précipice est au bord du sentier fleuri, le vertige et le danger accompagnent tous les pas du voyageur, que les beautés incomparables du site enivrent et entraînent. Une nature si sublime est sans cesse aux prises avec d'effroyables cataclysmes ; ici le glacier ouvre ses terribles flancs de saphyr et engloutit l'homme qui passe ; là les montagnes s'écroulent, comblent le lac et la plaine, et, de tout ce qui souriait ou respirait hier à leurs pieds, il ne reste plus ni trace ni souvenir aujourd'hui..... Oui, c'est là l'image de la jeunesse, de ses forces déréglées, de ses bonheurs enivrants, de ses impétueux orages, de ses désespoirs mortels, de ses combats, et de toute cette violente destruction d'elle-même qu'enfante l'excès de sa vie.

Mais la vieillesse ! je me la figure comme un vaste et beau jardin bien planté, bien uni, bien noble à l'ancienne mode... un peu froid d'aspect, quoique situé à l'abri des coups de vent. C'est encore assez grand pour qu'on y essaie une longue promenade; mais on aperçoit les limites au bout des belles allées droites, et il n'y a point là de sentiers sinueux pour s'égarer.

On y voit encore des fleurs ; mais elles sont cultivées et soignées, car le sol ne les produit point sans les secours de la science et du goût.

Tout y est d'un style simple et sévère; point de statues immodestes, point de groupes lascifs. On ne s'y poursuit plus les uns les autres pour s'étreindre et pour lutter : on s'y rencontre, on s'y salue, ou on s'y serre la main sans rancune et sans regret. On n'y rougit point, car on a tout expié en passant le seuil de cette noble prison dont on ne doit plus sortir; et l'on s'y promène ou l'on s'y repose, consolé et purifié, jouissant des tièdes bienfaits d'un soleil d'automne. Si, du haut de la terrasse abritée, le regard plonge dans la région terrible et magnifique où s'agite la jeunesse, on se souvient d'y avoir été, et on comprend ce qui se passe là d'admirable et d'insensé; mais malheur à qui veut y redescendre et y courir : car les railleries ou les malédictions l'y attendent! Il n'est permis aux hôtes du jardin que d'étendre les mains vers ceux qui dansent sur les abîmes, pour tâcher de les avertir; et encore, cela ne sert-il pas à grand'chose, car on ne s'entend pas de si loin.

Voilà mon apologue. Passez m'en la fantaisie, je me sens plus à l'aise depuis que je me suis planté ce jardin.

Mais c'est bien assez philosopher et rêver. Il faut que je vous parle d'Agathe, de cette pauvre orpheline que j'ai adoptée, qui entrait chez moi comme femme de chambre, et dont j'ai fait ma fille, ni plus ni moins.

Je vous ai déjà dit qu'elle était fille d'un pauvre artiste qui l'avait fort bien élevée, mais qui, en mourant, l'avait laissée dans le plus complet abandon, dans la plus profonde misère.

Je n'avais jamais songé à adopter un enfant, je n'avais jamais regretté de n'en point avoir.

Il ne me semblait point que j'eusse le cœur maternel, et peut-être eussé-je manqué de tendresse ou de patience pour soigner un petit enfant. Lorsque cette Agathe est entrée chez moi, j'étais à cent lieues de prévoir que je me prendrais pour elle d'une incroyable affection. Je fus frappée de sa jolie figure, de son air modeste, de son accent distingué, et je me promis d'en faire une heureuse soubrette, libre autant que possible, et traitée avec bienveillance.

Puis, au bout de quelque temps, en courant avec elle, je découvris un trésor de raison, de droiture et de bonté; et bientôt, je la retirai de l'office pour la faire asseoir à mes côtés, non comme une demoiselle de compagnie, mais comme la fille de mon cœur et de mon choix.

Pourtant si vous nous voyiez ensemble, vous seriez surprise, chère Alice, de l'apparente froideur de notre affection; du moins, vous nous trouveriez bien graves; et vous vous demanderiez si nous sommes heureuses l'une par l'autre.

Il faut donc que je vous explique ce qui se passe entre nous.

Dès le principe, j'ai examiné attentivement Agathe, je l'ai même beaucoup interrogée. J'ai retiré de cet examen et de ces interrogatoires la certitude que c'était là un ange de pureté, et en même temps une âme assez forte : un caractère absolument différent du mien, à la fois plus humble et plus fier, étranger par nature aux passions qui m'ont bouleversée, difficile, impossible peut-être à égarer, prudente et réfléchie, non par sécheresse et calcul personnel, mais par instinct de dignité et par amour du vrai.

La docilité semblait être sa qualité dominante, lorsque je lui commandais en qualité de maîtresse. Mais en l'observant, je vis bientôt que cette docilité n'était qu'une muette adhésion à la règle qu'elle acceptait; l'amour de l'ordre, et surtout une noble fierté qui voulait se soustraire par l'exactitude rigoureuse à l'humiliation du commandement. C'était cela bien plutôt qu'une soumission aveugle et servile pour ma personne. Le silence profond qui protégeait ce caractère grave et recueilli m'empêchait de savoir si les passions généreuses pourraient y fermenter, si la haine de l'injustice et le mépris de la stupidité seraient capables d'en troubler la paix.

A présent encore, quoique j'aie lu aussi avant dans son cœur qu'elle-même, quoique je sache bien qu'elle adore la bonté, j'ignore si elle peut haïr la méchanceté. Peut-être qu'il y a là trop de force pour que l'indignation s'y soulève, pour que le dédain y pénètre. Étonnement et pitié, voilà, ce me semble, toute l'altération que cette sérénité pourrait subir.

Agathe a vécu dans le travail et la retraite, sans rien savoir, sans rien deviner du monde, sans rien désirer de lui, sans songer qu'elle pût jamais sortir de l'obscurité qu'elle aime, non-seulement par habitude, mais par instinct. Elle ne connaît pas l'amour, elle en pressent encore si peu ces approches, que je me demande avec terreur si elle est capable d'aimer, et si elle n'est pas trop parfaite pour ne pas rester insensible.

Et pourtant, je ne puis concevoir la jeunesse d'une femme sans amour, et je suis épouvantée du mystère de son avenir. Aimera-t-elle, d'amitié seulement, un compagnon de toute la vie, un mari? Élevera-t-elle des enfants, sans passion, sans faiblesse, avec la rigide pensée d'en faire des êtres sages et honnêtes? Quelle rectitude admirable et effrayante! Sera-t-elle heureuse sans souffrir? est-ce possible?

Et pourtant, qu'ai-je retiré, moi, de mes angoisses et de mes tourments?

Quand j'avais seize ans, l'âge d'Agathe, je n'avais déjà plus de sommeil, ma beauté me brûlait le front, de vagues désirs d'un bonheur inconnu me dévoraient le sein. Rien dans cette enfant ne me rappelle mon passé. Je l'admire, je m'étonne, et je n'ose pas juger.

Quand j'ai changé la condition d'Agathe si soudainement, si complètement, elle a été fort peu surprise, nullement étourdie ou enivrée, et j'ai aimé cette noble fierté qui acceptait tout naturellement sa place. L'expression de sa reconnaissance a été vraie, mais toujours digne. Elle me promettait de mériter ma tendresse, mais elle n'a pas plié le genou, elle n'a pas courbé la tête, et c'est bien. En voyant ce noble maintien, moi, j'ai été saisie d'un respect étrange, et une seule crainte m'a tourmentée, c'est de n'être pas digne d'être la bienfaitrice et la providence d'Agathe. Son air imposant m'a fait comprendre la grandeur du rôle que je m'imposais, et, depuis ce moment, je m'observe avec elle, comme si je craignais de manquer au devoir que j'ai contracté.

Cela fait une amitié qui m'est plus salutaire que délicieuse. Il ne s'agit point d'adopter une telle orpheline pour s'en faire une société, une distraction, un appui. Agathe prend le contrat au sérieux. Elle semble me dire dans chaque regard :

« Vous avez voulu avoir l'honneur d'être mère, songez que ce n'est pas peu de chose, et qu'une mère doit être l'image de la perfection. »

Moi, je ne sais pas me contraindre, et, si quelque folle passion pouvait encore me traverser le cerveau, je ne jouerais pas la comédie. J'éloignerais Agathe plutôt que de la tromper. Mais est-ce donc la pensée que le moindre égarement de ma part troublerait notre intimité, qui fait que je me sens si bien fortifiée dans mon *jardin de vieillesse* ?

— Peut-être ! peut-être Agathe m'a-t-elle été envoyée par la bonté divine pour me faire aimer l'ordre, le calme, la dignité et la convenance. Il est certain que tout cela est personnifié en elle, et que rompre avec ces choses-là, ce serait rompre avec Agathe. Il était donc dans ma destinée que les hommes me perdraient et que je ne pourrais être sauvée que par les femmes ? Vous avez commencé ma conversion, chère Alice ; vous l'avez voulue, vous y avez mis tout votre cœur, toute votre force. Agathe, qui vous ressemble à tant d'égards, l'achève sans se donner la moindre peine, sans se douter même de ce qu'elle fait; car la douce enfant ignore ma vie, et ne la comprendrait pas si elle lui était racontée.

Minuit.

Agathe m'a forcée de m'interrompre, mais je veux vous dire bonsoir, à présent qu'elle me quitte. J'ai passé solennellement la soirée auprès d'elle, et je me sens comme exaltée par mes propres pensées.

Quelle nuit magnifique! la terre altérée ouvrait tous ses pores à la rosée, les fleurs la recevaient dans leurs coupes immaculées. Enivrés d'amour, de parfum et de liberté, les rossignols chantaient, et, du fond humide de la vallée, leurs intarissables mélodies montaient comme un hymne vers les étoiles brillantes. Appuyée sur l'épaule d'Agathe, que je dépasse de toute la tête, je marchais d'un pas égal et lent, m'arrêtant quelquefois quand nous atteignions la limite de la balustrade. La terrasse de cette *villa* est magnifiquement située; absorbées dans la contemplation du paysage vague et profond, et plus encore de l'infini déroulé sur nos têtes, nous ne songions point à nous parler. Peu à peu ce silence amené naturellement par la rêverie, nous devint impossible à rompre. Du moins, pour ma part, je n'eusse rien trouvé à dire qui ne m'eût semblé oiseux ou coupable au milieu d'une telle nuit, solennelle et mystérieuse comme la beauté parfaite. Agathe respectait-elle ma méditation, ou bien éprouvait-elle le même besoin de recueillement ? Agathe aussi est mystérieuse comme la perfection. Son âme sans tache me sem-

blait si naturellement à la hauteur de
la beauté des choses extérieures, que
j'eusse craint d'affaiblir, par mes réflexions, le charme qu'elle y trouvait.
Avait-elle besoin de moi pour admirer
la voûte céleste, pour aspirer l'infini,
pour se prosterner en esprit devant
la main qui sema ces innombrables
soleils comme une pluie de diamants
dans l'océan de l'Éther? Et quelles
expressions eussent pu rendre ce
qu'elle éprouvait sans doute mieux
que moi? De quel autre sujet eussé-je
pu l'entretenir qui ne fût un outrage
à la beauté des cieux, une profanation de ces grandes heures et de ces
lieux sublimes?

Quand l'échange de la parole n'est pas nécessaire, il est rarement utile. J'en suis venue à croire que tous les discours humains ne sont que vanité, temps perdu, corruption du sentiment et de la pensée. Notre langage est si pauvre que quand il veut s'élever, il s'égare le plus souvent, et que quand il veut trop bien peindre, il dénature. Toujours la parole procède par comparaison, et les poètes sont forcés, pour décrire la nature, d'assimiler les grandes choses aux petites. Par exemple, ils font du ciel une coupole; de la lune, une lampe; des fleuves sinueux, les anneaux d'un serpent; des grandes lignes de l'horizon et des grandes masses de la végétation, les plis et les couleurs d'un vêtement.

Les poètes ont peut-être raison : interprètes et confidents de la nature, chargés de l'expliquer au vulgaire, de communiquer aux aveugles un peu de cette vue immense que Dieu leur a donnée, ils se servent de figures pour se faire entendre, à la manière des oracles. Ils mettent les soleils dans le creux de ces mains d'enfants sous la figure d'un rubis ou d'une fleur, parce que le vulgaire ne peut concevoir que ce qu'il peut mesurer. Et tous tant que nous sommes, nous avons pris une telle habitude de ce procédé de comparaison, que nous ne savons pas nous expliquer autrement quand nous voulons parler. Mais quand l'âme poétique est seule, elle ne compare plus : elle voit et elle sent.

L'intelligence n'explique pas au cœur pourquoi et comment l'univers est beau ; dans aucune langue humaine le véritable poète ne saurait rendre la véritable impression qu'il reçoit du spectacle de l'infini.

Qu'il se taise donc et qu'il jouisse, celui qui n'a rien à démêler avec le monde, rien à lui enseigner ou à recevoir de lui : l'amour d'une vaine gloire dicte trop souvent ces prétendus épanchements. Celui qui parle veut produire de l'effet sur celui qui écoute, et s'il ne cherche point à l'éblouir par l'éclat des mots, du moins il travaille à s'emparer de ses émotions, à lui imposer les siennes, à se poser comme un prisme entre lui et la beauté des choses. Alors, sous l'œil de Dieu, au lieu de deux âmes prosternées, il n'y a plus qu'un cerveau agissant sur un autre cerveau, triste échange de facultés bornées et de misère orgueilleuse !

Mais ce n'est pas cela seulement qui me fermait la bouche auprès d'Agathe : quelle parole de ma bouche flétrie si longtemps par la plainte et l'imprécation, ne fût tombée comme une goutte de limon impur dans cette source limpide, où l'image de Dieu se reflète dans toute sa beauté ? Entre elle et moi, hélas! il y a un abîme infranchissable : c'est mon passé. Mes doutes, mes vains désirs, mes angoisses furieuses, mes amertumes, mon impiété, ma vaine science de la vie, mes ennuis, tout ce que j'ai souffert! Cette âme vierge de toute souillure et de toute tristesse doit à jamais l'ignorer. Il y a en elle une infinie mansuétude qui l'empêcherait de me retirer son affection. Peut-être même m'aimerait-elle davantage si elle avait à me plaindre ! Peut-être trouverais-je dans sa piété filiale, des consolations puissantes. Mais de même que la mère, forcée de traverser un champ de bataille, cache dans son sein la tête de son enfant pour l'empêcher de voir la laideur des cadavres, et de respirer l'odeur de la corruption, de même ma tendresse pour Agathe m'empêchera de lever jamais ce voile virginal qui lui cache les misères et les tortures de cette vie déréglée.

Cette ligne invisible tracée entre elle et moi est un lien, bien plus qu'un obstacle. C'est là que se manifeste, à son insu, ma tendresse pour elle; c'est là que gît sa confiance en moi. Je lui sacrifie le plaisir que j'aurais parfois à épancher mes pensées : elle s'appuie sur moi comme sur une force dont elle croit avoir besoin et qui ne réside qu'en elle. Si je me sens triste et agitée, ce qui arrive bien rarement désormais, je l'éloigne de moi quelques instants, pour ne la rappeler que lorsque mon âme a repris son calme et sa joie silencieuse.

Agathe est blanche comme un beau marbre de Carrare au sortir de l'atelier. L'incarnat de la jeunesse ne colorera jamais vivement ce lys éclos dans l'ombre du travail et de la pauvreté; et cependant un léger embonpoint annonce cette santé particulière aux recluses, santé plus paisible que brillante, plus égale que vigoureuse, apte aux privations, impropre à la douleur et à la fatigue. Trois jours de mon ancienne vie briseraient cette plante frêle et suave, qui, dans la paix d'un cloître, résisterait longtemps à la vieillesse et à la mort.

Auprès de cette fleur sans tache, auprès de ce diamant sans défaut, je sens mon âme s'élever et se fortifier. D'autres jeunes filles ont plus de beauté, une intelligence plus vive et plus brillante, un sentiment des arts plus chaud et plus prononcé. Agathe ne ressemble pas à une statue grecque. C'est la vierge italienne dans toute sa douceur, vierge sans extase et sans transport, accueillant le monde extérieur sans l'embrasser, attentive, douce et un peu froide à force de candeur, telle enfin que Raphaël l'eût placée sur l'autel, le regard fixé sur le pécheur, et semblant ne pas comprendre la confession qu'elle écoute.

Il y a, certes, dans toutes les créatures humaines, un fluide magnétique, impénétrable aux organisations épaisses, mais vivement perceptibles aux organisations exquises par elles-mêmes, ou à celles qui sont développées par la souffrance. La présence d'Agathe agit sur moi d'une manière magique. L'atmosphère se rafraîchit ou s'attiédit autour d'elle. Quelquefois, quand le spectre du passé m'apparaît, une sueur glacée m'inonde, et je crois entrer dans mon agonie. Mais si Agathe vient s'asseoir près de moi, l'œil noir et grave et la bouche à demi-souriante, elle me communique immédiatement sa force et son bien-être.

Il y a donc en elle quelque chose de mystérieux pour moi, comme je vous le disais; quelque chose que je n'eusse pas su demander, si l'on m'eût offert de choisir une compagne et une fille selon mes prédilections instinctives. Probablement, j'aurais fait la folie de désirer une fille semblable à moi, sous plusieurs rapports. J'aurais voulu qu'elle fût ardente et spontanée, qu'elle connût ces agitations de l'attente, ces bouleversements subits, ces enthousiasmes et ces illusions où j'ai trouvé quelques heures d'ivresse au milieu d'un éternel supplice. Et probablement aussi, au lieu de la préserver du malheur par mon expérience, j'eusse augmenté son irascibilité par la mienne et développé sa faculté de souffrir. Mais un caprice du hasard que je ne puis m'empêcher de bénir superstitieusement comme une faveur providentielle, a jeté dans mes bras un être qui ne me comprend pas du tout et que je comprends à peine. Ce contraste nous a sauvées l'une et l'autre. J'eusse voulu être adorée de ma fille, et c'eût été là un souhait égoïste, un vœu contraire à la nature. Agathe m'aime, et c'est tout; et moi, l'âme la plus exigeante et la plus jalouse qui fût jamais, je m'habitue à l'idée qu'il est bon d'être celle des deux qui aime le plus. C'est là un miracle, n'est-ce pas? un miracle que j'eusse en vain demandé à l'amour d'un homme et qu'a su opérer l'amitié d'une enfant.

Vous me demandez si j'aime toujours le luxe, et, me cherchant des consolations où vous supposez que j'en puis trouver, vous vous imaginez que j'ai dû me créer, dans ma villa italienne, une existence toute d'or et de marbre, toute d'art et de splendeur. Il n'en est rien; tout ce qui me rappelle la courtisane m'est devenu odieux. Je suis dégoûtée, non de la beauté des œuvres de goût, mais de la possession et de l'usage de ces choses-là. J'ai fait cadeau, à divers musées de cette province, des statues et des tableaux que je possédais. Je trouve qu'un chef-d'œuvre doit être à tous ceux qui peuvent le comprendre et l'apprécier, et que c'est une profanation que de l'enfermer dans la demeure d'un particulier, lorsque ce particulier s'est voué à la retraite, et a fermé sa porte aux amateurs et aux curieux, comme je l'ai fait définitivement. J'ai vendu tous mes diamants, et j'ai fait bâtir presqu'un village autour de moi, où je loge gratis de pauvres familles. Je ne m'occupe plus de ma parure, et je n'ai même pas osé m'occuper de celle d'Agathe, quoique j'eusse trouvé du plaisir à embellir mon idole; mais la voyant si simple et si étrangère à cette longue et coûteuse préoccupation, j'ai respecté son instinct, et je l'ai subi pour moi-même peu à peu, sans m'en apercevoir. Agathe aime et cultive avec distinction la peinture et la musique. Son père l'avait destinée à donner des leçons. Mais ce pauvre artiste, imprévoyant et déréglé comme la plupart de ceux de ce pays-ci, l'avait laissée sans clientelle et sans protections. Ses talents, du moins, lui servent à charmer les loisirs que sa nouvelle position lui procure, et je suis sortie, grâce à elle, de ma longue et accablante oisiveté. Je me suis remise au piano pour l'accompagner quand elle chante, et nous lisons ensemble tous ces chefs-d'œuvre que je savais par cœur à force de les entendre, mais sans les avoir jamais véritablement compris. Quand elle dessine, je lui fais la lecture, et quand elle lit, je brode au métier. Moi, broder! je vois d'ici votre surprise! Eh bien, je suis revenue à ces choses-là que j'ai tant méprisées et raillées, et je reconnais qu'elles sont bonnes. Il y a tant de moments où l'âme est affaissée sur elle-même, où le travail de l'esprit nous écrase, où la rêverie nous torture ou nous égare, qu'il est excellent de pouvoir se réfugier dans une occupation manuelle. C'est affaire d'hygiène morale, et je comprends maintenant comment, vous, qui avez une si haute intelligence, vous pouvez remplir un meuble au petit point.

Agathe a les goûts d'une campagnarde, quoiqu'elle ait toujours vécu enfermée dans la mansarde d'une petite ville. Sa plus grande joie d'être riche consiste à voir et à soigner des animaux domestiques. Et ne croyez pas que la pauvrette se soit prise d'admiration et d'affection pour les plus nobles : elle a peu compris la grâce et la noblesse du cheval, l'élégance du chevreuil, la fierté du cygne. Tout cela lui est trop nouveau, trop étranger ; à elle qui n'avait jamais nourri que des moineaux sur sa fenêtre, un pigeon blanc est un objet d'admiration. Le mouton fait ses délices, et l'autre jour j'ai cru qu'elle sortirait de son caractère, et ferait des extravagances pour une perdrix qu'on lui a apportée avec ses petits. J'avais un peu envie d'abord de dédaigner des goûts aussi puérils. Et puis, je me suis laissée faire, je me suis sentie faible comme un enfant, comme une mère; je me suis attendrie sur les poules et sur les agneaux, non pas à cause d'eux, je l'avoue, mais à cause de la tendresse qu'Agathe leur porte, et des soins assidus qu'elle leur rend sans se lasser du silence et de la stupidité de ses élèves. Agathe comprend le Dante, Mozart et le Titien. Et pourtant elle comprend sa poule et son chevreau! Il faut bien que le chevreau et la poule en vaillent la peine. Je me dis cela, et je la suis à la bergerie et au poulailler avec une complaisance qui arrive à me faire du bien, à me distraire, à me charmer... sans que véritablement je puisse m'en rendre compte! Je me sens devenir naïve avec un enfant naïf, et je ne saurais dire où est le beau et le bon de cette naïveté, à mon âge. Cela m'arrive : je me transforme, un enfant me gouverne, et j'ai du bonheur à me laisser aller !

Nous avons eu moins de peine à nous mettre à l'unisson, à propos des fleurs. Il me semble que les fleurs nous permettent de devenir puérils envers elles, sans qu'elles cessent d'être sublimes pour nous. Vous savez comme je les ai toujours aimées, ces incomparables emblêmes de l'innocence et de la pureté. Agathe voit le ciel dans une fleur, et quand je la vois au milieu des jasmins et des myrthes, il me semble qu'elle est là dans son élément, et que les fleurs sont seules dignes de mêler leur parfum à son haleine.

Et alors il me vient une pensée déchirante : Quoi, cette enfant, cette Agathe de mon âme, cette fleur plus pure que toutes celles de la terre, cette perle fine, cette beauté virginale, sera infailliblement la proie d'un homme! et de quel homme? L'amant de cent autres femmes, qui ne verra sans doute en elle qu'une femme de plus, trop froide à son gré, et bientôt dédaignée, si elle reste telle qu'elle est aujourd'hui; trop précieuse, si elle se transforme, pour ne pas être jalousement asservie et torturée. — Oh mon Dieu! je conserve cette candeur sacrée avec une sollicitude passionnée, je veille sur elle, je la couve d'un regard maternel; je la respecte comme une relique, jusqu'à ne pas oser lui parler de moi, jusqu'à ne pas oser penser quand je suis auprès d'elle : et un étranger viendra la flétrir sous ses aveugles caresses! un homme, un de ces êtres dont je sais si bien les vices et l'orgueil, et l'ingratitude, et le mépris, viendra l'arracher de mon sein pour la dominer ou la corrompre!.... Cette idée trouble tout mon présent et rembrunit tout mon avenir!

FIN DU SECOND VOLUME.

Imprimerie hydraulique de GIROUX et VIALAT, Saint-Denis-du-Port, près Lagny.

TABLE DU SECOND VOLUME.

Alice (suite).   7

TROISIÈME PARTIE. 179

Lettre première. Isidora à Madame de T***. . 227

Lettre deuxième. Isidora à madame de T***. . 245

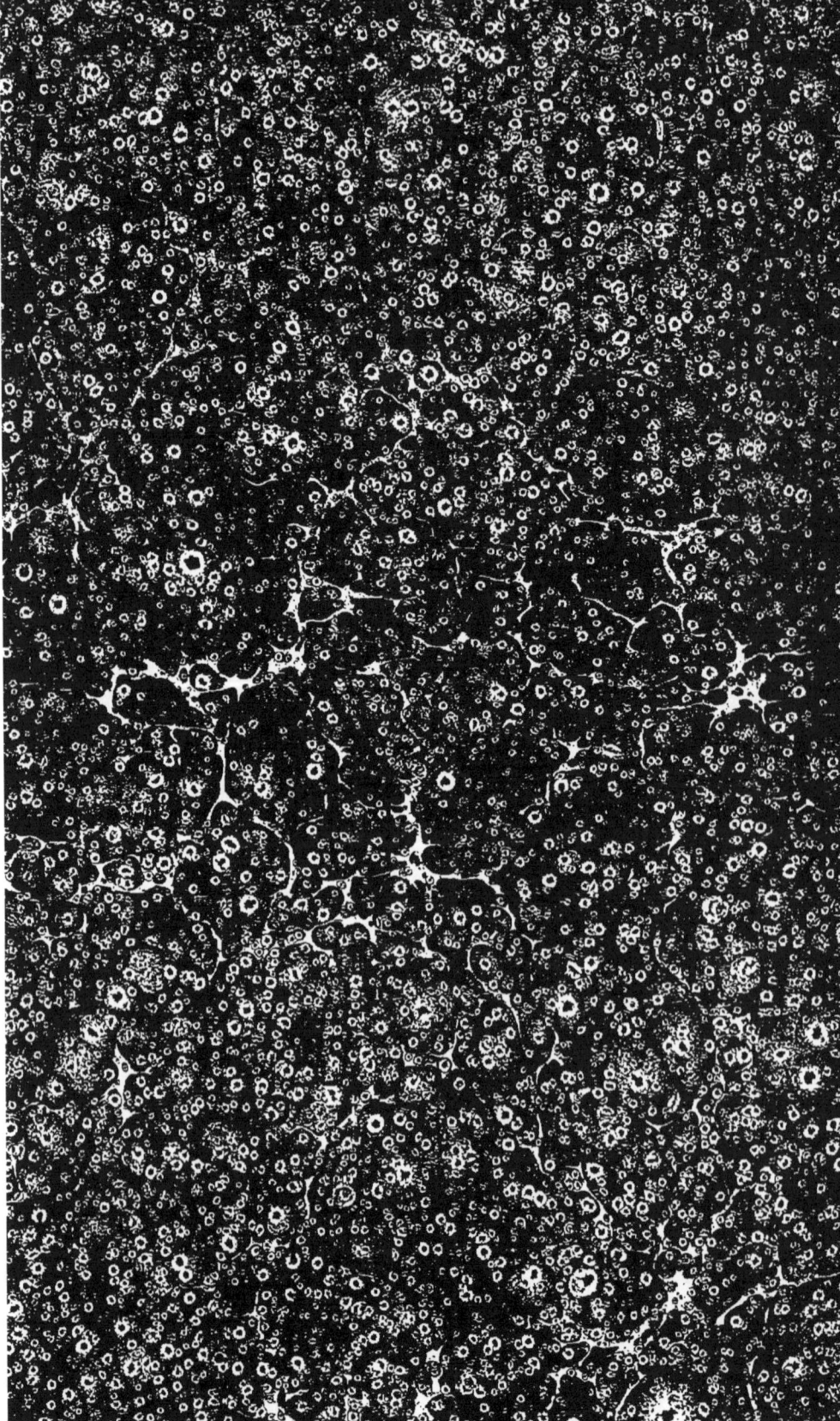

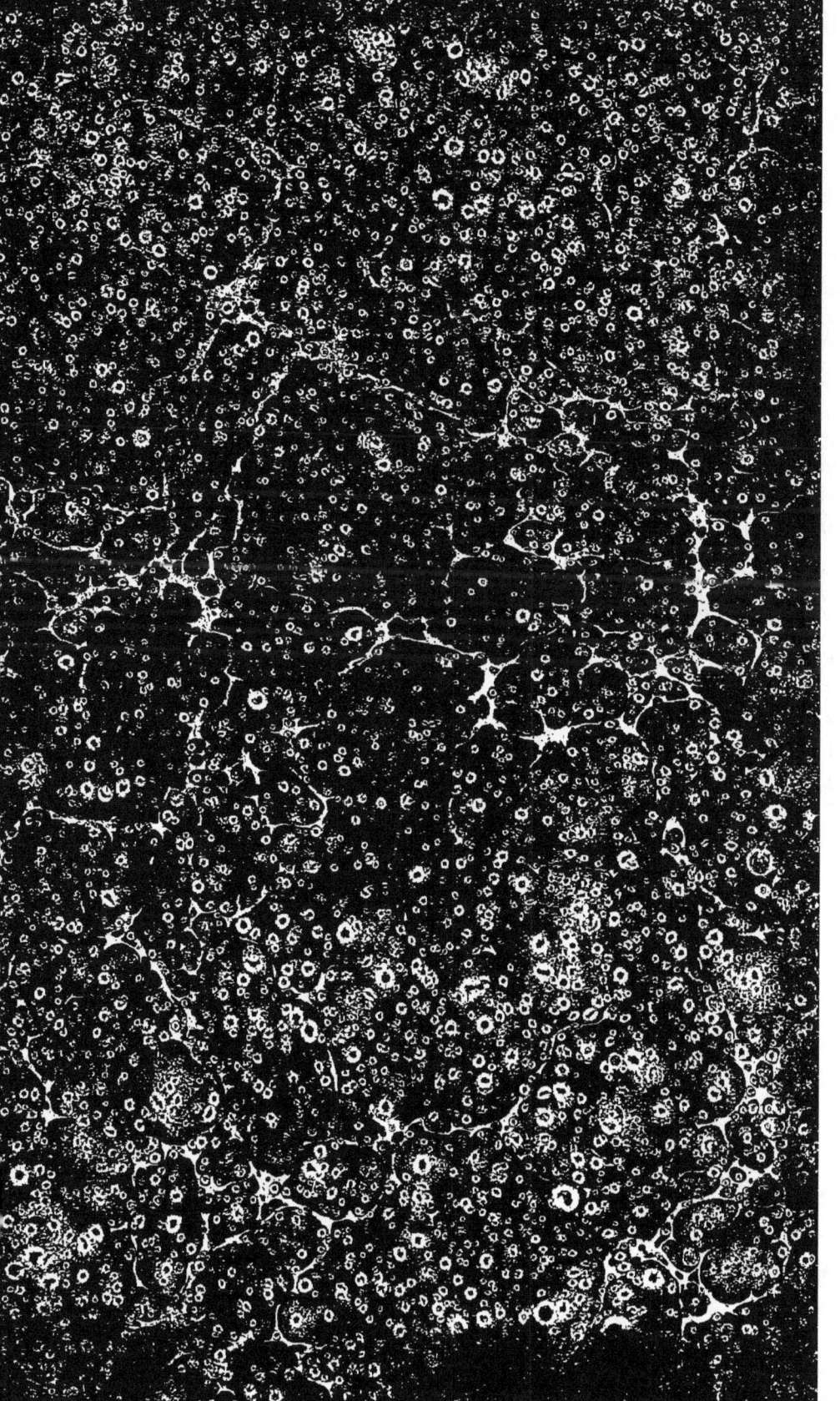

www.ingramcontent.com/pod-product-compliance
Lightning Source LLC
Chambersburg PA
CBHW060415170426
43199CB00013B/2153